anglais français

1351

MOTS ILLUSTRÉS

à découvrir

anglais français

1351 MOTS ILLUSTRÉS à découvrir

TORMONT

Illustrations : Giuseppe Donghi
Texte : LeeAnn Bortolussi

Publié en 1995 par :
Les Éditions Tormont inc.
338, rue Saint-Antoine Est
Montréal, Canada H2Y 1A3
Tél. (514) 954-1441
Fax (514) 954-5086

ISBN 2-89429-838-2

Apprendre l'anglais

Grâce à ce livre, tu peux apprendre 1351 mots anglais! C'est beaucoup et tu te demandes peut-être comment tu pourras tous les retenir.

Pour que les mots restent gravés dans ta mémoire, nous les avons donc illustrés. Ainsi, si tu regardes les deux dessins qui figurent au bas de cette page, tu comprendras la signification des mots anglais «TO COUNT» et «TAIL». TO COUNT — tu as bien deviné — veut dire «compter» et TAIL, «queue».

Pour communiquer, c'est utile de savoir bien prononcer les mots. Aussi avons-nous ajouté sous l'anglais une adaptation phonétique qui t'aidera à lire les mots comme on les dit dans cette langue.

Apprendre des mots anglais, c'est facile!

NOTE SUR LA PHONÉTIQUE UTILISÉE DANS CE LIVRE

Nous avons utilisé une transcription phonétique simplifiée qui t'aidera à lire les mots contenus dans les pages qui suivent.

Souviens-toi toutefois des particularités suivantes :

* Les mots entre parenthèses se prononcent avec les sons que tu connais déjà en français.
* Lorsque nous avons mis deux points « : » à la suite d'une voyelle, tu dois en prolonger le son. Exemple : (dé:li:)
* Lorsque nous avons mis une apostrophe à la suite d'une lettre, c'est pour indiquer que tu dois prononcer cette lettre. Exemple : (bes')

Il y a, en anglais, des sons que nous n'avons pas en français et qui sont difficiles à prononcer.

Il s'agit du «**th**» et du «**dh**». Tu peux t'exercer à prononcer le «th» en plaçant ta langue sous les incisives supérieures et en soufflant. Quant au «dh», il se prononce de la même façon que le «th», mais tu dois faire sonner ta voix en soufflant.

A

A/AN
(é:/en')

UN/UNE

ABOVE
(ebev)

AU-DESSUS

ABSENT
(absen't')

ABSENT

ACCIDENT
(akseden't')

ACCIDENT

ACROSS (TO GO)
(tou go ekros')

TRAVERSER

ADD (TO)
(tou ad)

AJOUTER

ADDRESS
(adrès')

ADRESSE

ADULT
(edelt)

ADULTE

ADVANTAGE
(edvan'tidj)

AVANTAGE

ADVENTURE
(edvèn'tcher)

AVENTURE

AFRAID (TO BE)
(tou bi efré:d)

PEUR (AVOIR)

AFTER
(after')

APRÈS

AGAINST
(egènst)

CONTRE

AGE
(é:dj)

ÂGE

AIR
(èr)

AIR

AIRPORT AÉROPORT
(èrpo:rt')

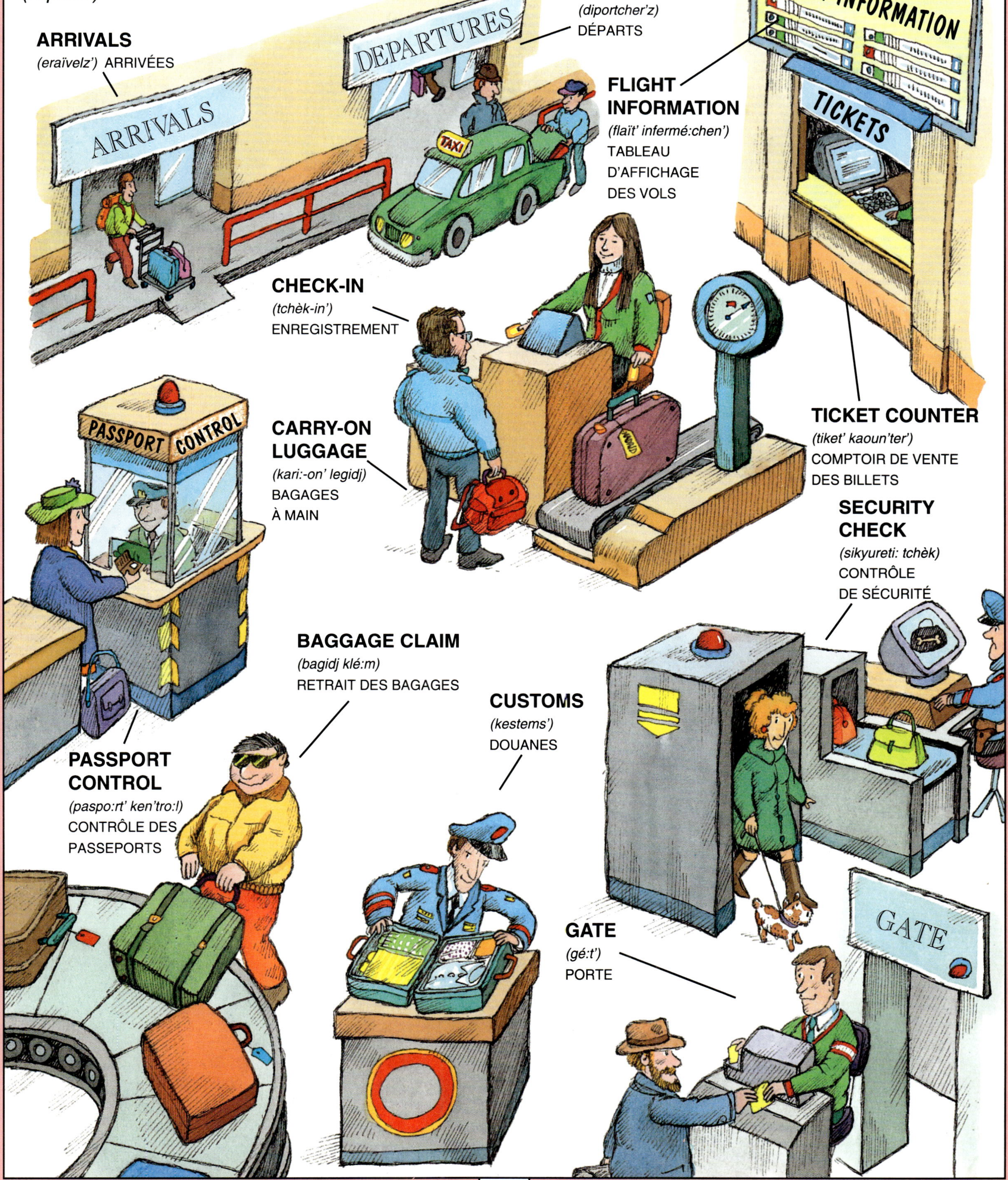

AIRPORT AÉROPORT
(èrpo:rt')

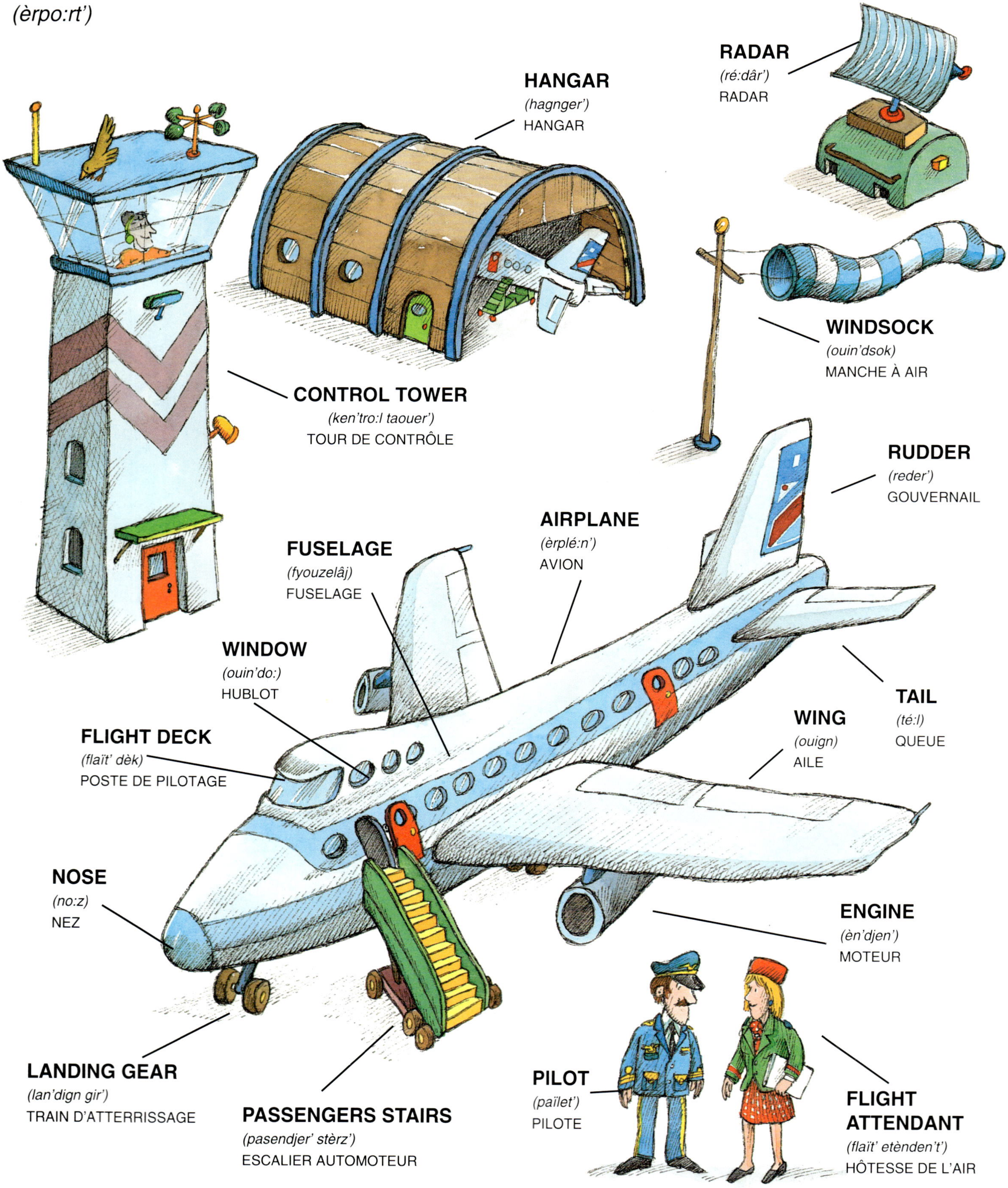

ALARM CLOCK
(elârm klâk)

RÉVEILLE-MATIN

ALIVE
(elaïv)

VIVANT

ALL
(ol)

TOUT

ALONE
(elo:n')

SEUL

ALSO
(olsso:)

AUSSI

ALWAYS
(oloué:z)

TOUJOURS

AND
(en'd)

ANGRY
(agngri:)

FÂCHÉ

ANIMALS ANIMAUX
(anemelz)

BIRD
(berd')
OISEAU

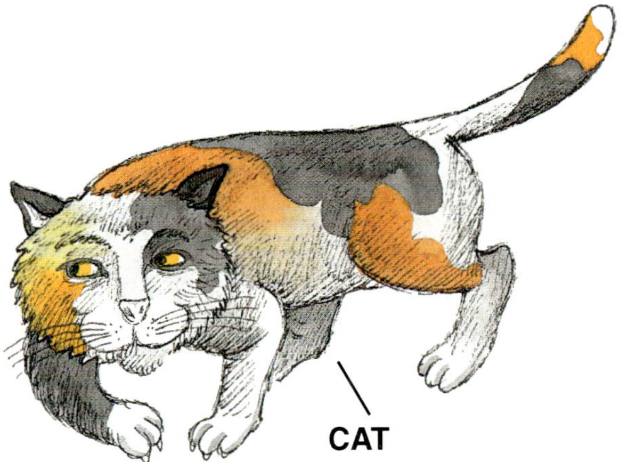

CAT
(kat')
CHAT

BEAR
(bèr')
OURS

HEN
(hèn')
POULE

ROOSTER
(rouster')
COQ

COW
(kaou:)
VACHE

DOG
(dog)
CHIEN

MONKEY
(mon'ki:)
SINGE

GORILLA
(guerile)
GORILLE

PIG
(pig)
COCHON

OWL
(aou:l')
HIBOU

ELEPHANT
(èlefen't')
ÉLÉPHANT
TIGER
(taïguer')
TIGRE
ZEBRA
(zi:bre)
ZÈBRE
DONKEY
(dognki:)
ÂNE
SHEEP
(chi:p)
MOUTON
KANGAROO
(kagngerou:)
KANGOUROU
LION
(laïen')
LION
HORSE
(hor'ss)
CHEVAL
WHALE
(oué:l)
BALEINE
RABBIT
(rabet')
LAPIN
FROG
(frog)
GRENOUILLE

ANSWER
(an'sser')

RÉPONSE

ARMCHAIR
(ârmtchè:r')

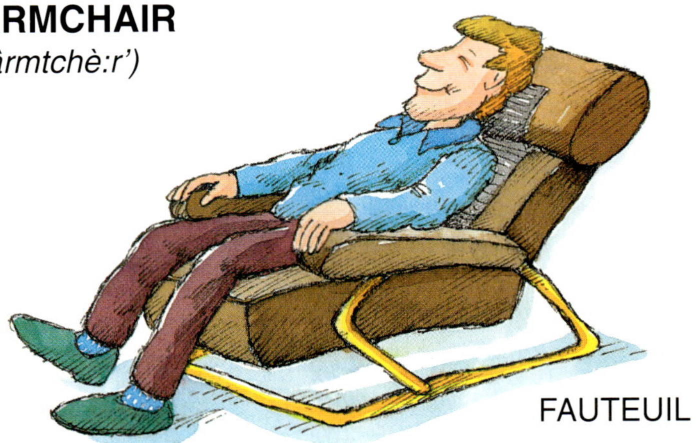

FAUTEUIL

ARROW
(aro:)

FLÈCHE

ASK (TO)
(tou ask)

DEMANDER

ASLEEP
(esli:p)

ENDORMI

ASTRONAUT
(astrenât')

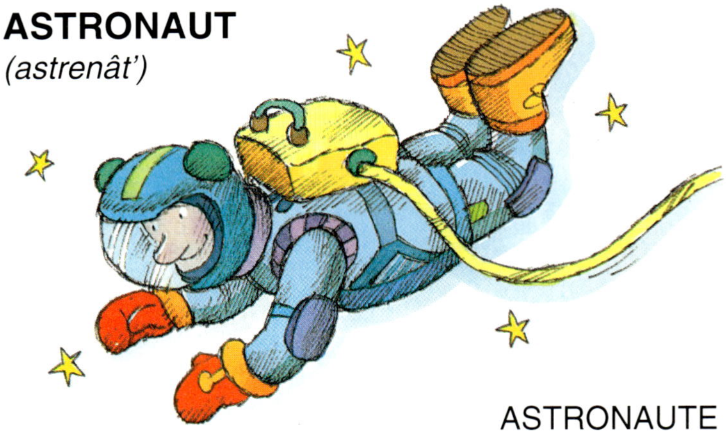

ASTRONAUTE

AT HOME
(at' ho:m)

À LA MAISON

AWAKE
(ewé:k)

RÉVEILLÉ

B

BAD
(bad)

MÉCHANT/
MAUVAIS

BAG
(bag)

SAC

BAKERY
(bé:keri:)

BOULANGERIE

BALL
(bol)

BALLON

BALLOON
(beloun')

BALLON GONFLÉ

BANK
(bègnk)

BANQUE

BARE
(bèr')

NU

BARN
(bârn)

GRANGE

BASKET
(basket')

PANIER

BATH (TO TAKE A)
(tou té:k é bath)

BAIN (PRENDRE UN)

BE (TO)
(tou bi:)

ÊTRE

BEACH
(bi:tch)

PLAGE

BEARD
(bird')

BARBE

BEAUTIFUL
(byou:tifel)

BEAU

BECOME (TO)
(tou bikem)

DEVENIR

BED
(bèd)

LIT

BEE
(bi:)

ABEILLE

BEFORE
(bifo:r')

AVANT

BEHIND
(bihaïn'd)

DERRIÈRE

BELL
(bèl)

SONNETTE

BELOW
(bilo:)

DESSOUS

BESIDE
(bissaïd)

À CÔTÉ

BETWEEN
(bitoui:n')

ENTRE

BICYCLE BICYCLETTE
(baïssikel)

BIG
(big)

GROS

BIRTHDAY
(berthdé:)

ANNIVERSAIRE

BLACKBOARD
(blakbo:rd')

TABLEAU NOIR

BLANKET
(blègnket')

COUVERTURE

BLOCK
(blok)

PÂTÉ DE MAISONS

BLOND
(blon'd')

BLOND

BLOOD
(bled')

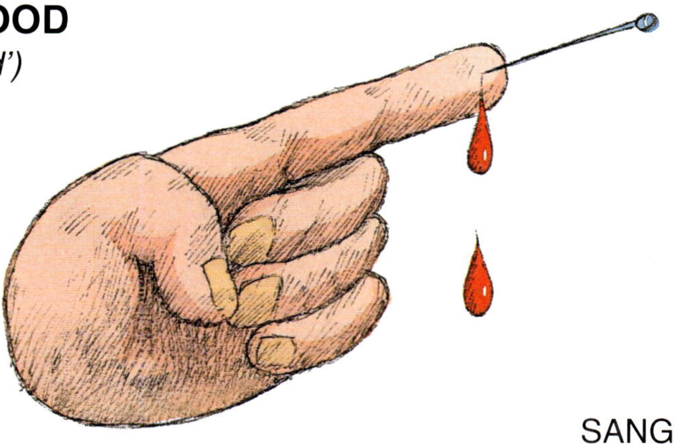

SANG

BLUSH (TO)
(tou blesh)

ROUGIR

BOAT CANOT
(bo:t)

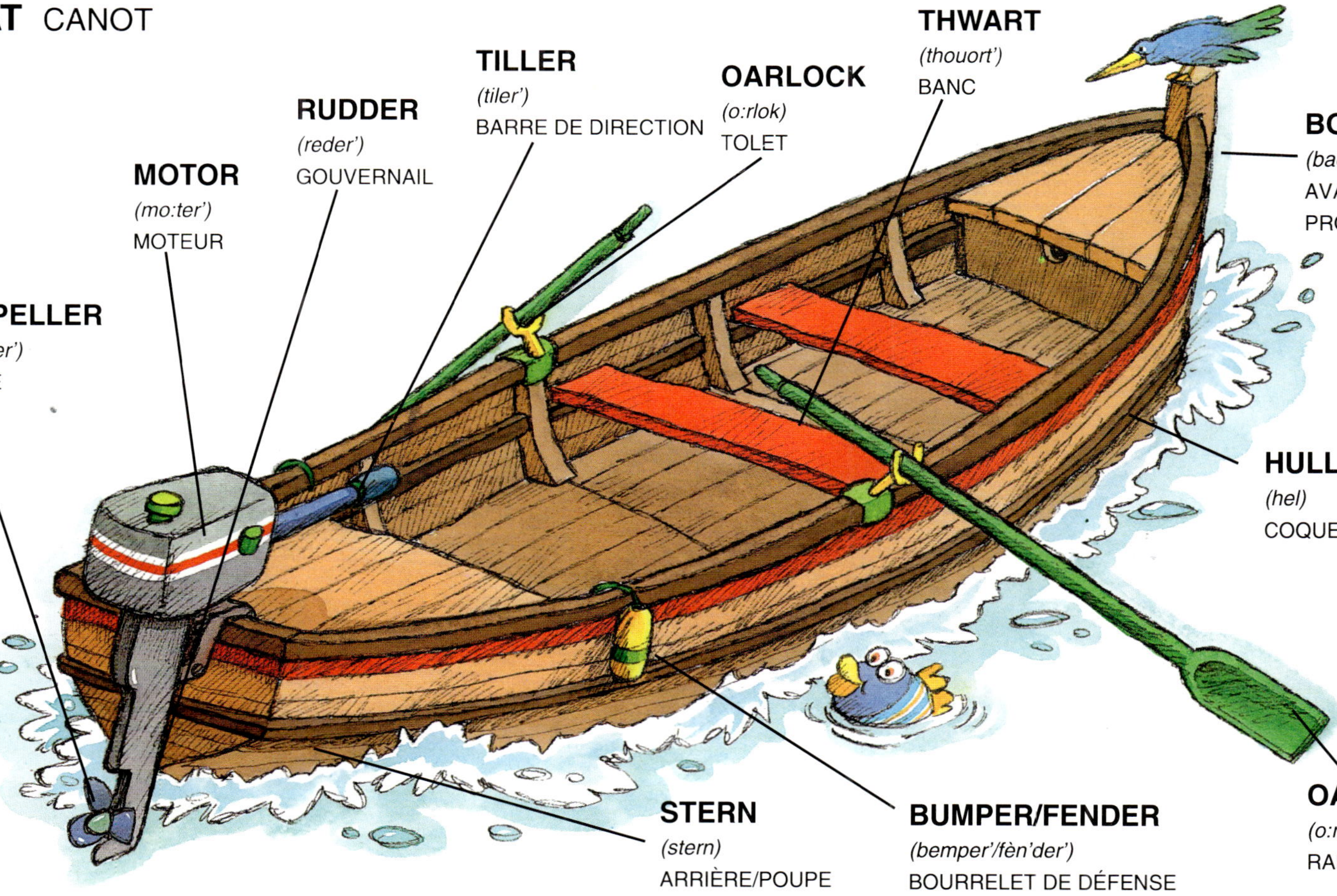

BODY CORPS
(bodi:)

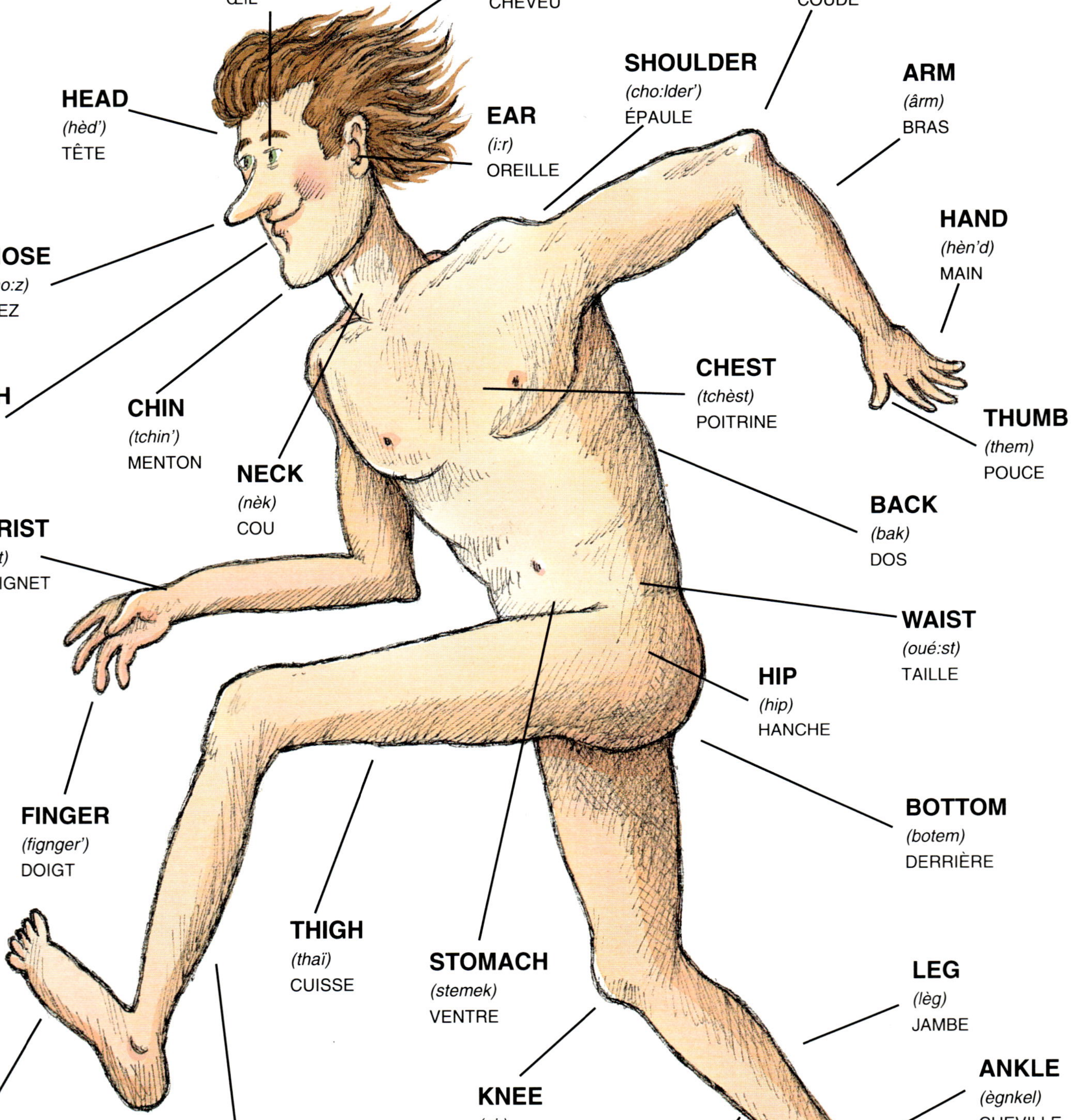

BONE
(bo:n')

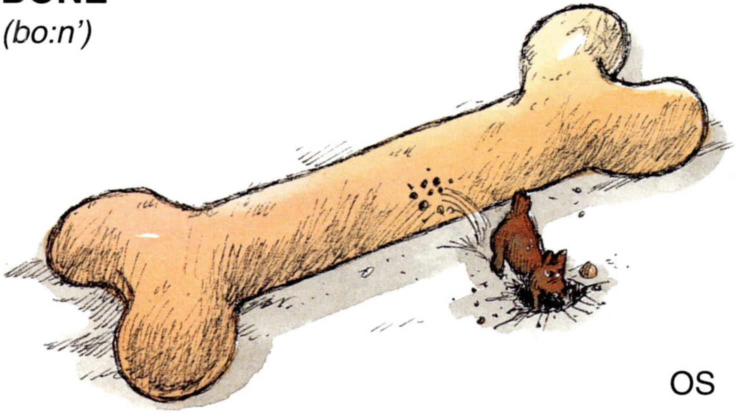

OS

BOOK
(bouk)

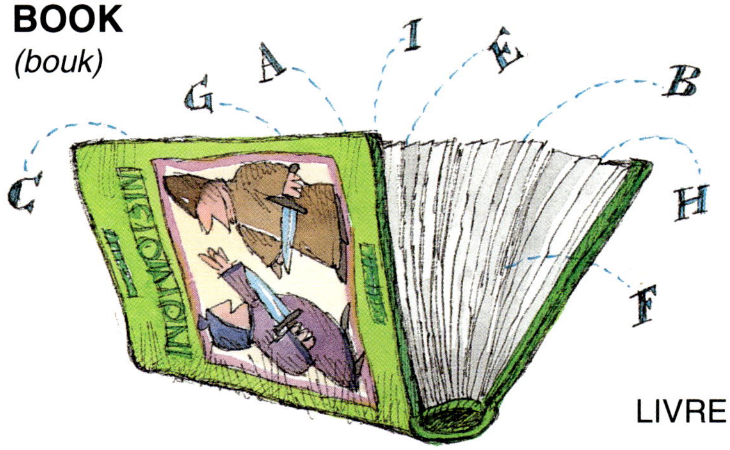

LIVRE

BOSS
(bos')

PATRON

BOTTLE
(botel)

BOUTEILLE

BOTTOM
(botem)

FOND

BOX
(boks')

BOÎTE

BOY
(boï)

GARÇON

BRAIN
(bré:n')

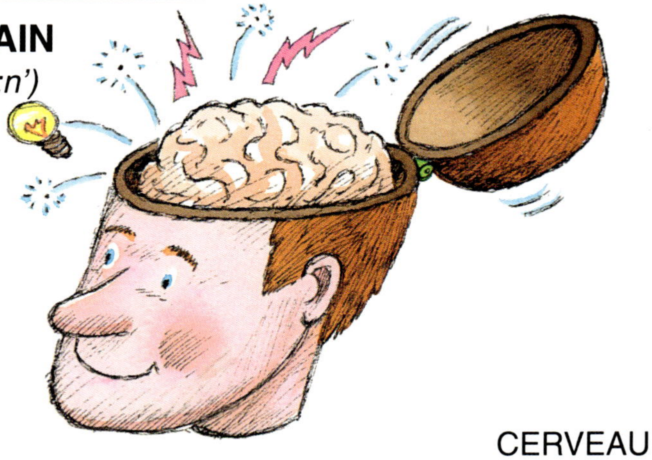

CERVEAU

BREAKFAST PETIT-DÉJEUNER
(brèkfest)

BRIDGE
(bridj)

PONT

BRIGHT
(braït')

BRILLANT

BROOM
(brou:m)

BALAI

BRUSH
(brech)

BROSSE

BUILD (TO)
(tou bild)

CONSTRUIRE

BURN (TO)
(tou bern)

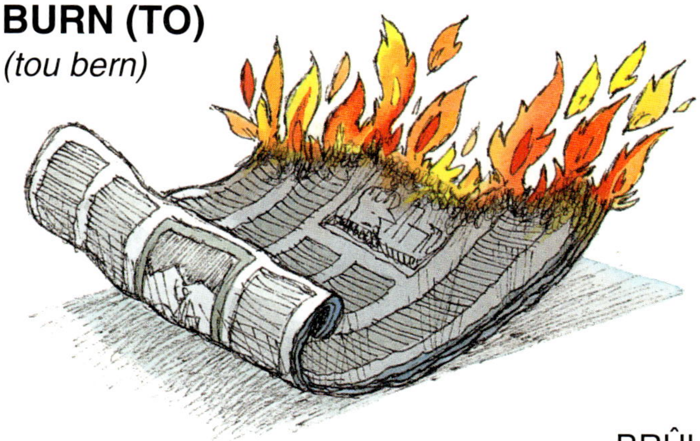

BRÛLER

BUS
(bes')

AUTOBUS

BUSY (TO BE)
(tou bi bizi:)

OCCUPÉ (ÊTRE)

BUT
(bet')

MAIS

BUTTERFLY
(beterflaï)

PAPILLON

BUTTON
(beten')

BOUTON

BUY (TO)
(tou baï)

ACHETER

C

CALCULATOR
(kalkyelé:ter')

CALCULATRICE

CALENDAR
(kalen'der')

CALENDRIER

CALL (TO)
(tou kol)

APPELER

CALM
(kâm)

CALME

CAMERA
(kamre)

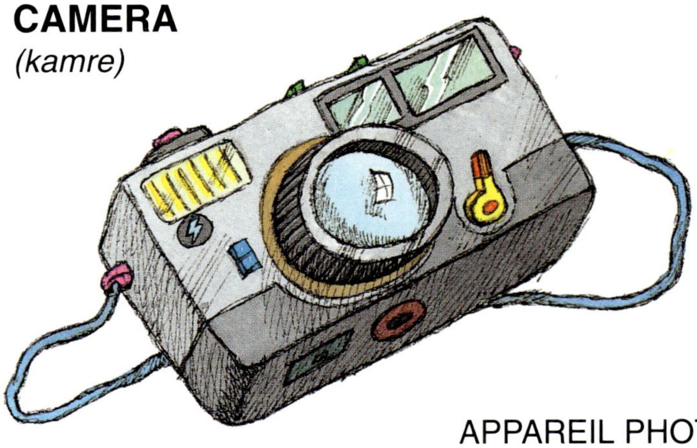

APPAREIL PHOTO

CAN
(kan')

POUVOIR

CANDLE
(kan'del)

BOUGIE

CAR AUTOMOBILE
(kâr')

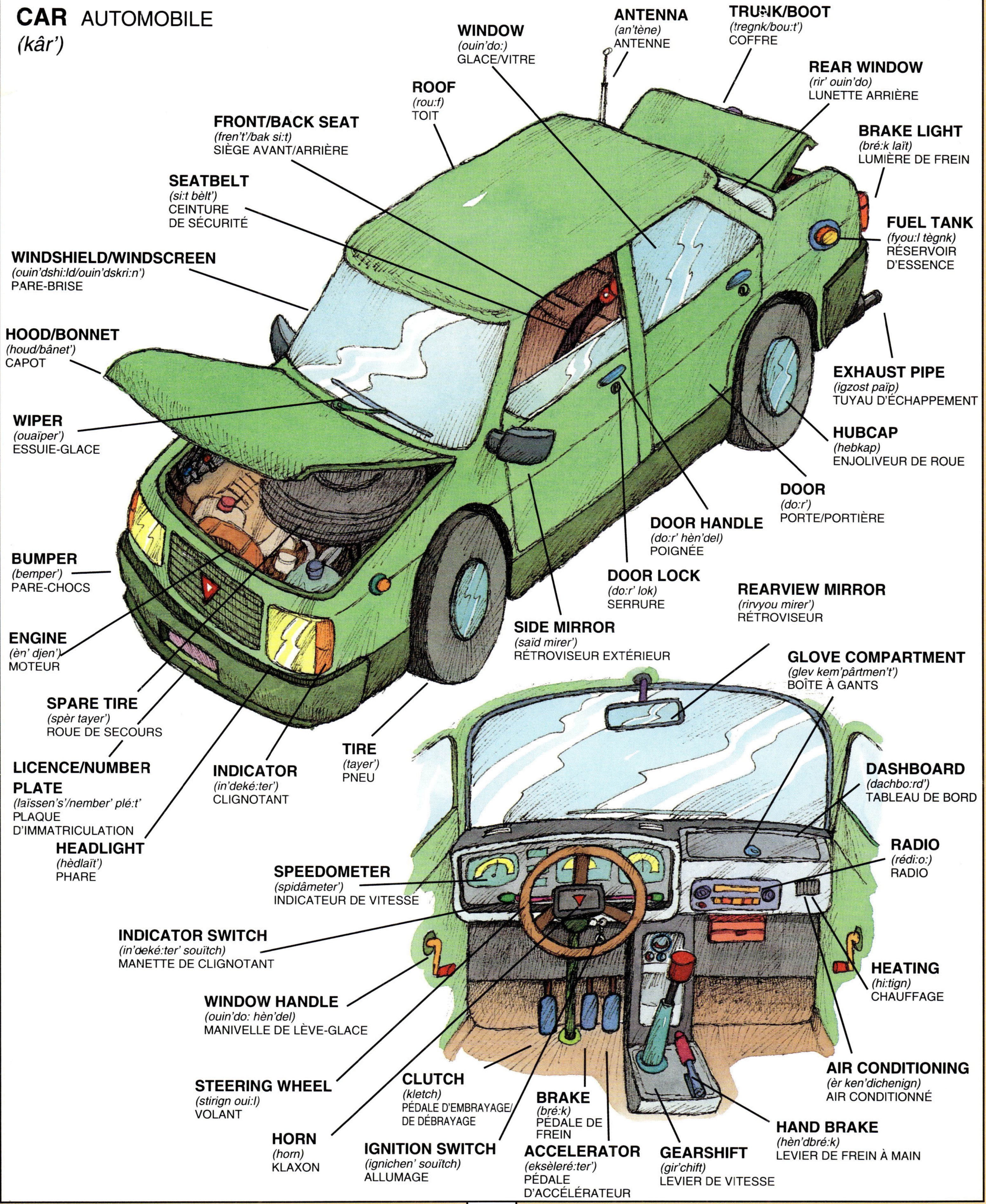

CARDS
(kârdz)

CARTES À JOUER

CARE (TO TAKE... OF)
(tou té:k kèr' ev)

PRENDRE SOIN (DE)

CARRY (TO)
(tou kari)

TRANSPORTER

CARTOONS
(kârtou:n'ss)

DESSINS ANIMÉS

CASH
(kach)

ARGENT COMPTANT

CASTLE
(kassel)

CHÂTEAU

CATCH (TO)
(tou katch)

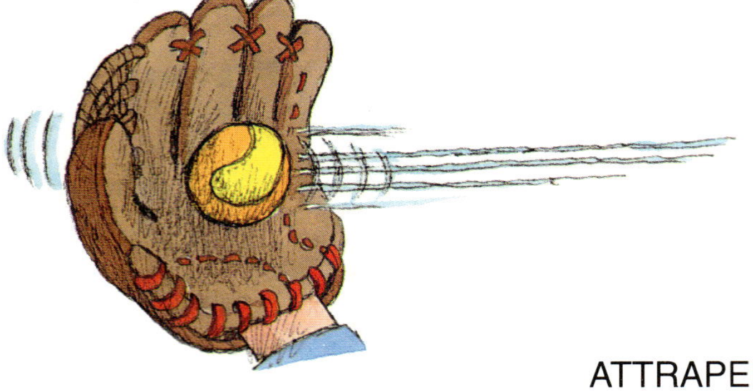

ATTRAPER

CATERPILLAR
(katepiler')

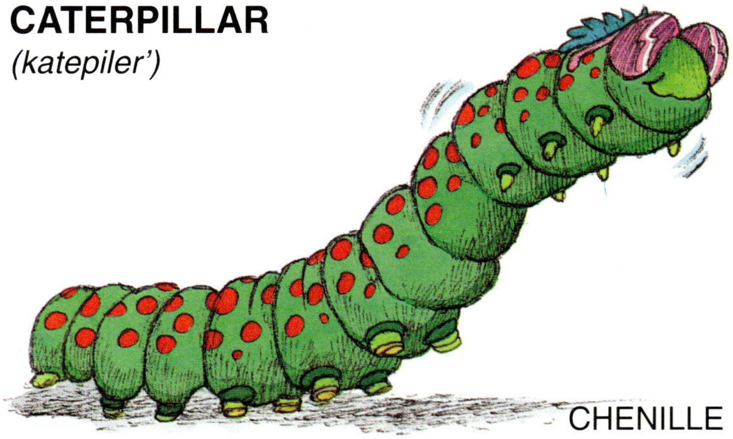

CHENILLE

CELEBRATE (TO)
(tou sèlebré:t')

CÉLÉBRER

CENTER
(sènter')

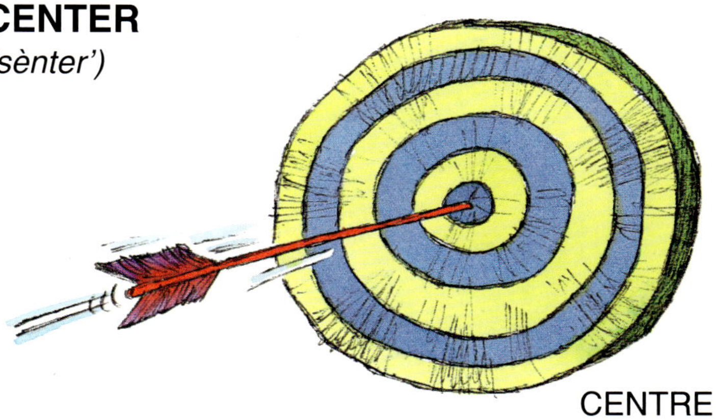

CENTRE

CENTIMETER
(sèntemi:ter')

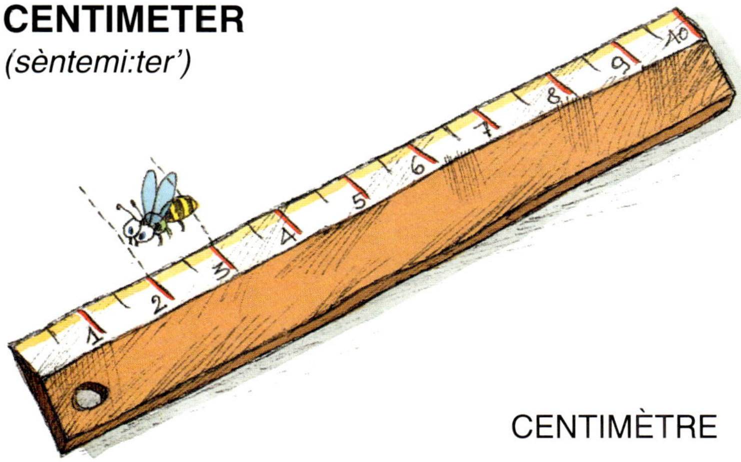

CENTIMÈTRE

CHANGE
(tché:n'dj)

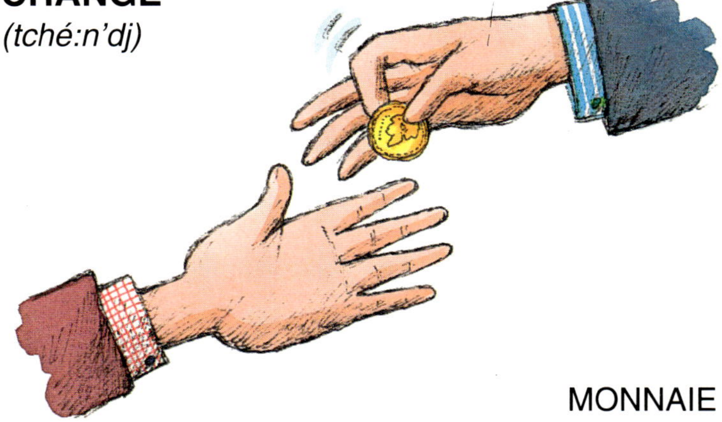

MONNAIE

CHANGE (TO) *(tou tché:n'dj)*

CHANGER

CHECK
(tchèk)

CHÈQUE

CHEMIST'S/PHARMACY
(kèmist)

PHARMACIEN

CHESTNUT
(tchèsnet')

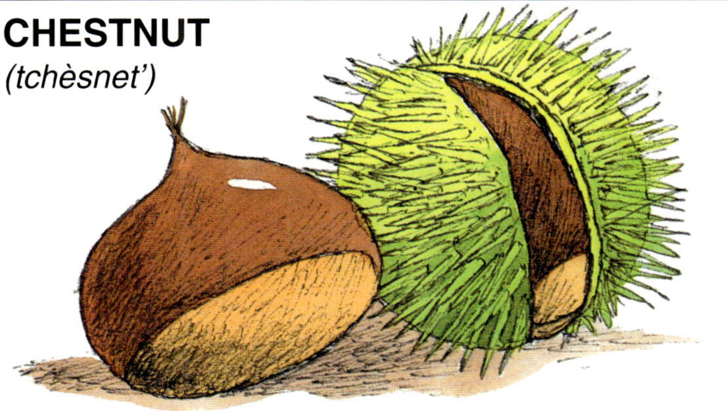

CHÂTAIGNE

CHILD/CHILDREN
(tchaïld/tchildren')

ENFANT/ENFANTS

CHOCOLATE
(tchâklet')

CHOCOLAT

CHURCH
(tchertch)

ÉGLISE

CINEMA
(sineme)

CINÉMA

CIRCUS
(serkes')

CIRQUE

CITY
(siti:)

VILLE

CLASSROOM
(klasrou:m)

CLASSE

CLEAN
(kli:n')

PROPRE

CLOTHES VÊTEMENTS
(clo:z)

CLOUD
(klaou:d')

NUAGE

CLOWN
(klaou:n')

CLOWN

COCK
(kâk)

COQ

COCONUT
(ko:kenet')

NOIX DE COCO

COIN
(koïn')

PIÈCE DE
MONNAIE

COLD
(ko:ld')

FROID

COLD
(ko:ld')

RHUME

COLLEGE
(kâlidj)

COLLÈGE/LYCÉE

COLORS COULEURS
(kelerz)

PINK
(pignk)
ROSE

BLACK
(blak)
NOIR

GREEN
(gri:n')
VERT

RED
(rèd)
ROUGE

ORANGE
(ârindj)
ORANGE

WHITE
(ouaït')
BLANC

BLUE
(blou:)
BLEU

YELLOW
(yèlo:)
JAUNE

BROWN
(braou:n')
BRUN

PURPLE
(perpel)
VIOLET

COMB
(ko:m)

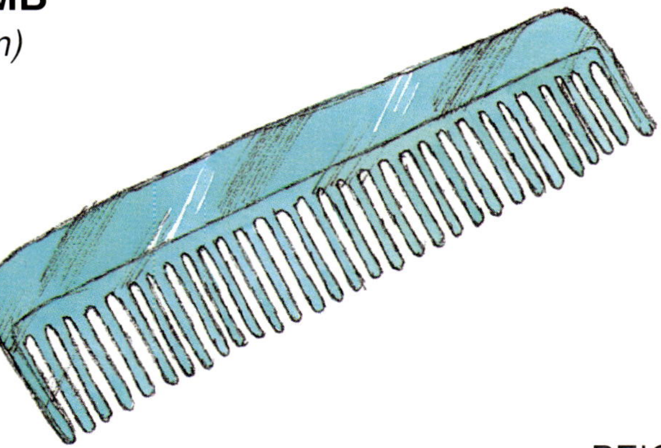

PEIGNE

COME (TO)
(tou kem)

VENIR

COMPETITION
(kâmpetichen)

COMPÉTITION

COMPUTER
(kempyou:ter')

ORDINATEUR

CONCERT
(kân'sser't')

CONCERT

CONGRATULATIONS!
(kengratchelé:chenz)

FÉLICITATIONS!

CONVERSATION
(kân'verssé:chen')

CONVERSATION

COOK (TO)
(tou kouk)

CUISINER

COPY (TO)
(tou kâpi:)

COPIER

COSTUME
(kâstou:m)

COSTUME

COUNT (TO)
(tou kaou:n't')

COMPTER

COUNTRY
(kentri:)

CAMPAGNE

COWBOY
(kaou:boï)

COW-BOY

CRACK
(krak)

FENTE

CROSS (TO)
(tou kros')

TRAVERSER

CRY (TO)
(tou kraï)

PLEURER

CUP
(kep)

TASSE

CUPBOARD
(keberd')

ARMOIRE

CUSTOMER
kestemer'

CLIENT

CUT (TO)
(tou ket')

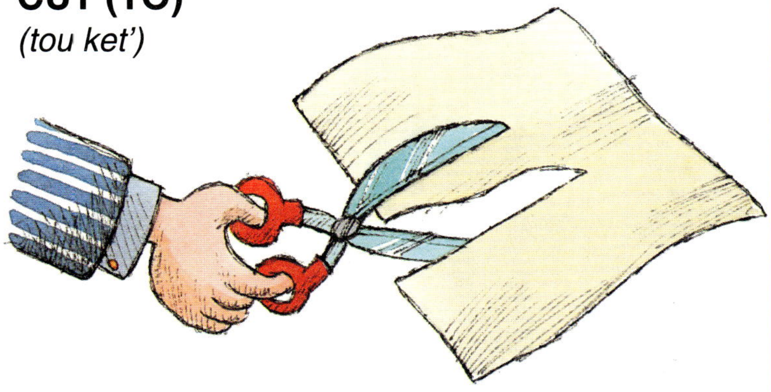

COUPER

D

DAILY
(dé:li:)

JOURNAL QUOTIDIEN

DAMAGE (TO)
(tou damedj)

ABÎMER

DANCE (TO) *(tou dan's')*

DANSER

DANDELION *(dan'delaïen')*

PISSENLIT

DANGER
(dé:ndjer')

DANGER

DARK
(dârk)

OBSCURITÉ

DATE
(dé:t')

DATE

DAY JOUR
(dé:)

SUNRISE
(sen'raïz)
LEVER DU SOLEIL

MORNING
(mornign)
MATIN

NOON
(nou:n')
MIDI

AFTERNOON
(after'nou:n')
APRÈS-MIDI

SUNSET
(sen'sèt')
COUCHER DU SOLEIL

EVENING
(i:vnign)
SOIR

NIGHT
(naït')
NUIT

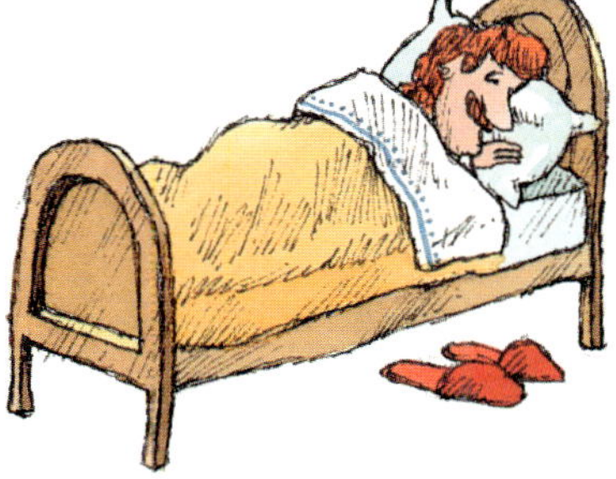

MIDNIGHT
(midnaït')
MINUIT

DEAD
(dèd')

MORT

DEAR
(dir)

CHÉRI

DECIDE (TO)
(tou dissaïd)

DÉCIDER

DELIVER (TO)
(tou diliver')

LIVRER

DESERT
(dèzert)

DÉSERT

DESK
(dèsk)

BUREAU

DIFFERENT
(difern't')

DIFFÉRENT

DIFFICULT
(difikelt)

DIFFICILE

DINNER REPAS

(diner')

DINOSAUR
(daïnesor')

DINOSAURE

DIRECTION
(derèkchen')

DIRECTION

DIRTY
(derti:)

SALE

DISCUSS (TO)
(tou diskess)

DISCUTER

DIVE (TO)
(tou daïv)

PLONGER

DO (TO)
(tou dou)

FAIRE

DOLL
(dâl)

POUPÉE

DOLPHIN
(dâlfen')

DAUPHIN

DOOR
(do:r)

PORTE

DOWN
(daou:n')

EN BAS

DRAWING
(droign)

DESSIN

DREAM
(dri:m)

RÊVE

DRINK (TO)
(tou drignk)

BOIRE

DRIVE (TO)
(tou draïv)

CONDUIRE

DRY
(draï)

SEC

DUCK
(dek)

CANARD

E

EACH
(i:tch)

CHAQUE

EAGLE
(i:guel)

AIGLE

EARLY
(erli:)

TÔT

EARN (TO)
(tou ern)

GAGNER

EARTH
(erth)

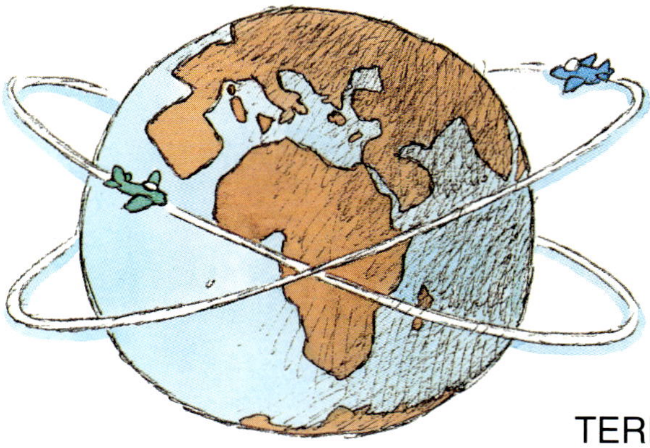

TERRE

EASY
(i:zi:)

FACILE

EAT (TO)
(tou i:t)

MANGER

ECHO
(èko:)

ÉCHO

ELECTRICITY
(ilèktrisseti:)

ÉLECTRICITÉ

ELEGANT
(èligen't')

ÉLÉGANT

ELEVATOR
(èlevé:ter')

ASCENSEUR

EMPTY/FULL
(em'ti:/foul)

VIDE/PLEIN

END
(ènd)

FIN

ENJOY (TO)
(tou in'djoï)

SAVOURER/
AIMER

ENTRANCE
(èntren's')

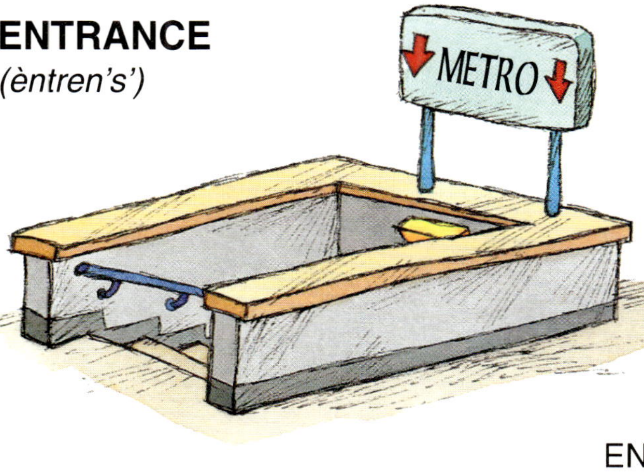

ENTRÉE

ENVELOPE
(ènvelo:p)

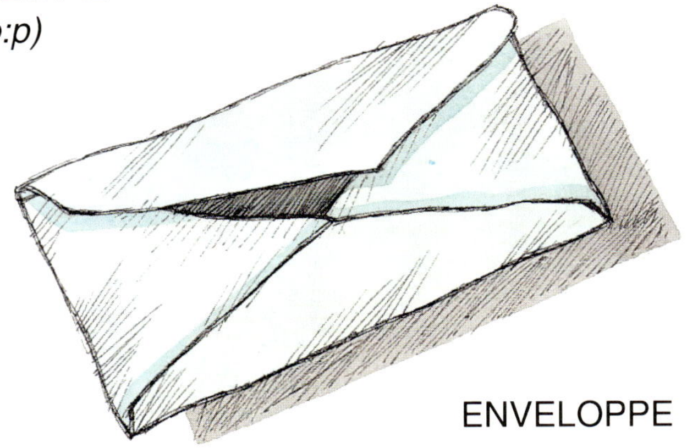

ENVELOPPE

EQUAL
(i:kouel)

ÉGAL

EXAM
(igzam)

EXAMEN

EXERCISE
(èkserssaïz)

EXERCICE

EXERCISE BOOK
(èkserssaïz bouk)

CAHIER D'EXERCICES

EXIT
(ègzet')

SORTIE

EXPLAIN (TO)
(tou iksplé:n')

EXPLIQUER

EXTRA
(èkstre)

SUPPLÉMENTAIRE

F

FABLE
(fé:bel)

FABLE/CONTE

FACE
(fé:s')

VISAGE

FACTORY
(faktri:)

USINE

FAIR
(fèr)

FOIRE

FAIRY
(fèri:)

FÉE

FALL (TO)
(tou fol)

TOMBER

FALSE
(fols')

FAUX

FAMILY FAMILLE
(famli:)

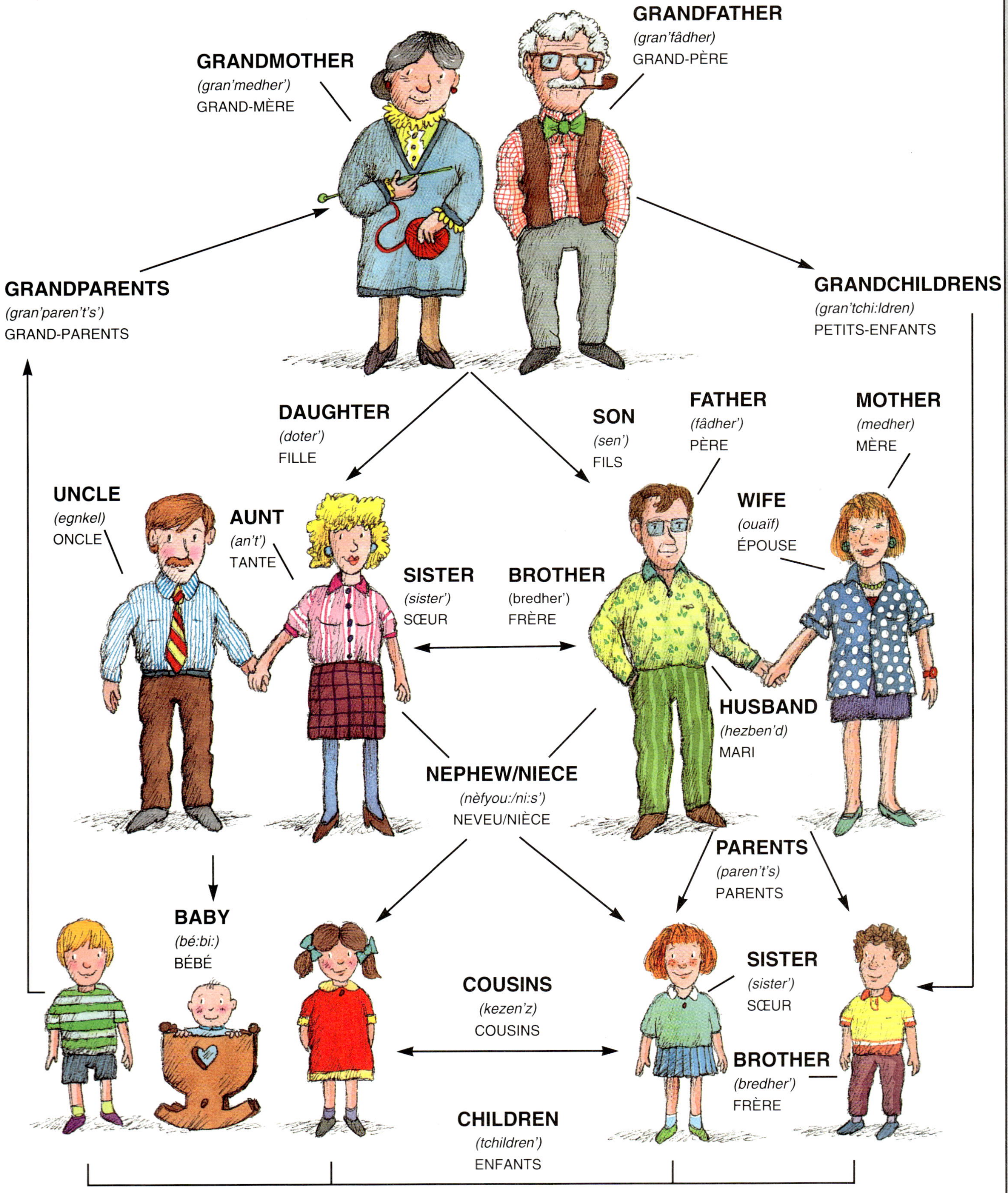

FAMOUS *(fé:mes')*

CÉLÈBRE

FAR
(fâr)

LOIN

FARM
(fârm)

FERME

FAST
(fas't')

RAPIDE

FAT
(fat')

GROS

FAUCET
(fosset')

ROBINET

FAVORITE
(fé:vret')

PRÉFÉRÉ

FEATHER
(fèdher')

PLUME

FEMALE
(fi:mé:l)

FEMELLE

FILM
(film)

PELLICULE

FINISH (TO)
(tou finich)

FINIR

FIRE
(fayer')

FEU

FIRE ENGINE
(fayer èndjen')

CAMION DE POMPIER

FISH
(fich)

POISSON

FIX (TO)
(tou fiks')

RÉPARER

FLAG
(flag)

DRAPEAU

FLOWERS FLEURS
(flaouer'z)

SUNFLOWER
(sen'flaouer')
TOURNESOL

VIOLET
(vaïlet')
VIOLETTE

DAISY
(dé:zi:)
MARGUERITE

NARCISSUS
(nârssissess')
NARCISSE

MARIGOLD
(marego:ld)
SOUCI

CARNATION
(kârné:chen)
ŒILLET

CORNFLOWER
(kornflaouer')
BLEUET

DAFFODIL
(dafedil)
JONQUILLE

POPPY
(pâpi:)
COQUELICOT

TULIP
(tou:lep)
TULIPE

GERANIUM
(djeré:ni:em)
GÉRANIUM

GARDENIA
(gârdi:nye)
GARDÉNIA

LILY
(lili:)
LYS

ROSE
(ro:z)
ROSE

FLU
(flou:)

GRIPPE

FLY (TO)
(tou flaï)

VOLER

FOG
(fog)

BROUILLARD

FOLLOW (TO)
(tou fâlo:)

SUIVRE

FOOD
(fou:d)

NOURRITURE

FOREST
(fores't')

FORÊT

FORGET (TO)
(tou fergèt')

OUBLIER

FORK
(fork)

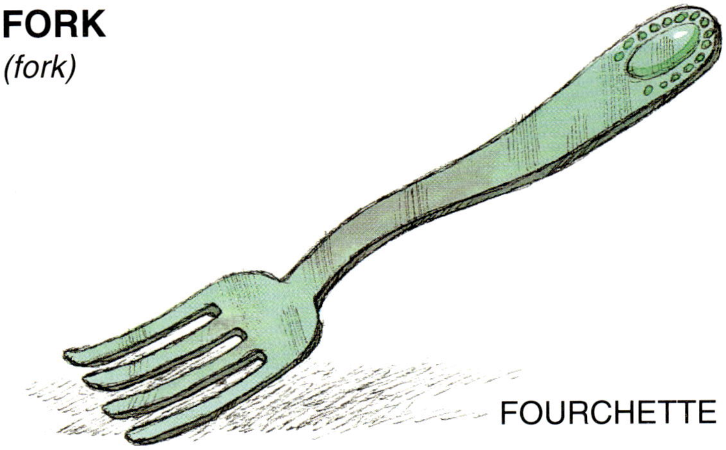

FOURCHETTE

FOUR-LEAVE CLOVER
(fo:r-li:v klo:ver')

TRÈFLE À QUATRE FEUILLES

FOX
(fâks')

RENARD

FRIEND
(frèn'd')

AMI

FROM
(frem)

DE

FRUIT FRUITS
(frou:t')

G

GAME
(gué:m)

JEU

GARAGE
(guerâj)

GARAGE

GARBAGE
(gârbidj)

POUBELLE

GARDEN
(gârden')

JARDIN

GASOLINE *(gasseli:n')*

ESSENCE

GATE
(gué:t)

CLÔTURE

GENTLY
(djèn'tli:)

DOUCEMENT

GET (TO) OBTENIR
(tou guèt')

GET OFF (TO)
(tou guèt' of)
DESCENDRE

GET ON (TO)
(tou guèt' on')
MONTER

GET UP (TO)
(tou guèt' ep)
SE LEVER

GET IN (TO)
(tou guèt' in')
MONTER

GET DOWN (TO)
(tou guèt' daou:n')
DESCENDRE

GET OUT (TO)
(tou guèt' aou:t')
SORTIR

GHOST
(go:st)

FANTÔME

GIANT
(djaïen't')

GÉANT

GIFT
(guift)

CADEAU

GIRL
(guer'l)

FILLE

GIVE (TO)
(tou guiv')

DONNER

GLAD
(glad')

CONTENT

GLASS
(glas')

VITRE

GLASSES
(glassi:z)

LUNETTES

GO (TO) ALLER
(tou go:)

GO IN (TO)
(tou go: in')
ENTRER

GO DOWN (TO)
(tou go: daou:n')
DESCENDRE

GO UP (TO)
(tou go ep)
MONTER

GO OUT (TO)
(tou go aou:t')
SORTIR

GOLD
(go:ld)

OR

GOLF COURSE
(gâlf kôrs')

TERRAIN DE GOLF

GOOD
(goud)

BON

GRAM
(gram)

GRAMME

GRASS
(gras')

GRASSHOPPER
(grashâper')

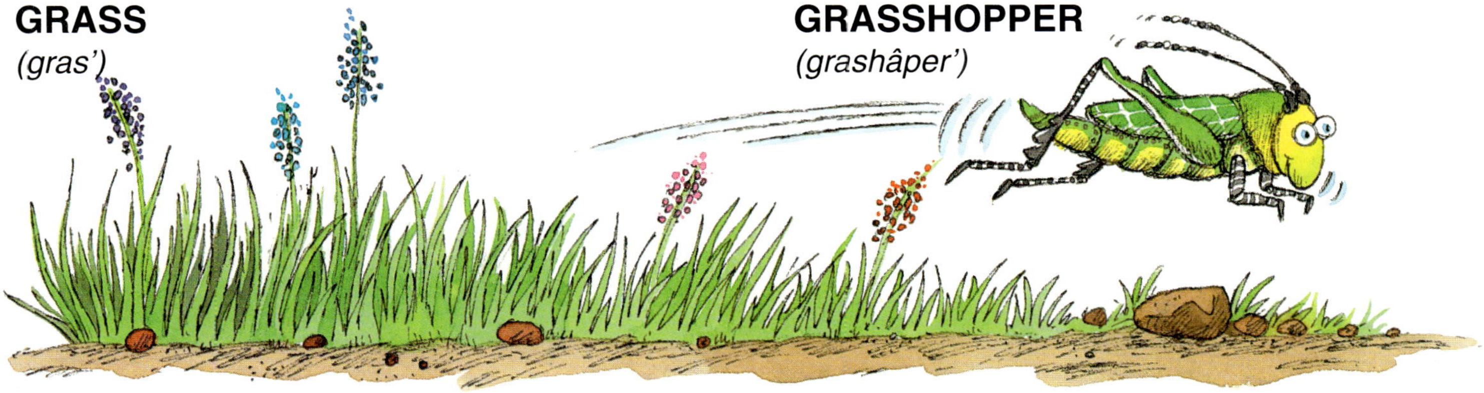

HERBE

SAUTERELLE

GRAVITY
(graveti:)

GRAVITÉ

GREET (TO) *(tou gri:t')*

SALUER

GROCERIES

(gro:ssri:z)

ÉPICERIE

GROUND

(graoun'd')

SOL

GROUP

(grou:p)

GROUPE

GROW (TO)

(tou gro:)

GRANDIR
/CROÎTRE

GUESS (TO)

(tou guès')

DEVINER

GUEST

(guès't')

INVITÉ

GUITAR

(guetâr)

GUITARE

GYMNASTICS

(djimnastiks')

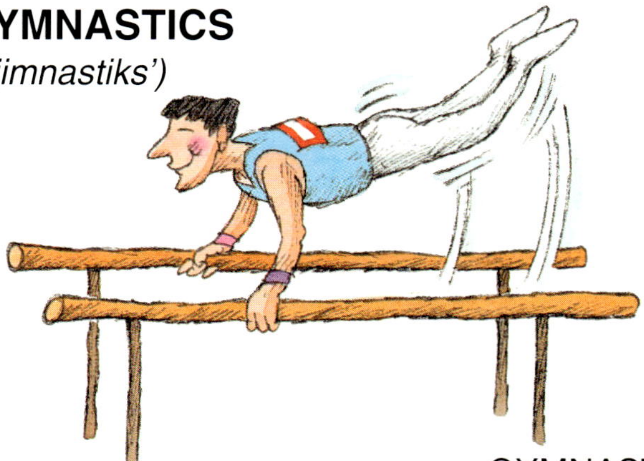

GYMNASTIQUE

H

HAIRBRUSH
(hèrbrech)

BROSSE À CHEVEUX

HALF
(haf)

MOITIÉ

HAMMER
(hamer')

MARTEAU

HANDSOME
(hèn'ssem)

BEAU

HANG (TO)
(tou hègn)

SUSPENDRE

HAPPY
(hapi:)

HEUREUX

HARD
(hârd')

DUR

HAVE (TO)
(tou hav)

AVOIR

HEADACHE
(hèdé:k)

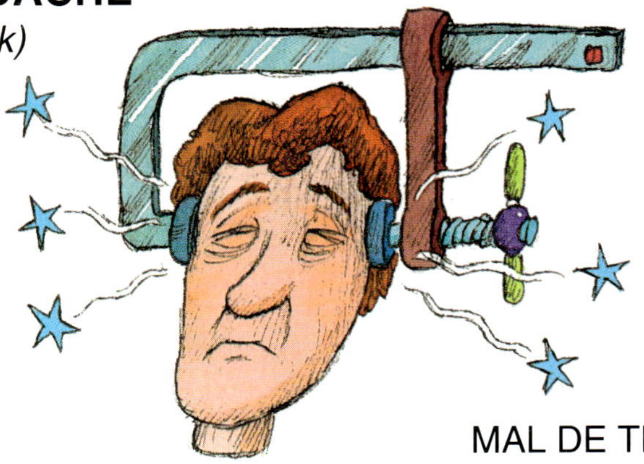

MAL DE TÊTE

HEALTHY
(hèlthi:)

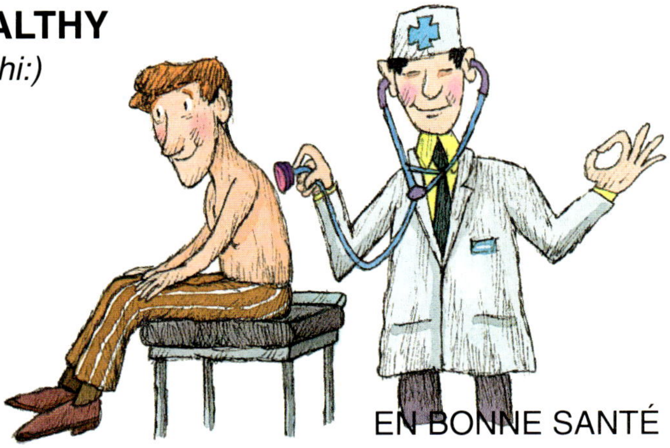

EN BONNE SANTÉ

HEAR (TO)
(tou hir)

ENTENDRE

HEART
(hârt')

CŒUR

HEAT
(hi:t')

CHALEUR

HEAVEN
(hèven')

CIEUX

HEAVY
(hèvi:)

LOURD

HELICOPTER
(hèlekâpter')

HÉLICOPTÈRE

HELLO/GOODBYE
(helo:/goudbaï)

BONJOUR/AU REVOIR

HELMET
(hèlmet')

CASQUE

HELP
(hèlp)

À L'AIDE

HERE
(hir)

ICI

HIDE (TO)
(tou haïd)

CACHER (SE)

HIGH
(haï)

HAUT

HIGHWAY
(haïoué:)

AUTOROUTE

HITCHHIKING
(hitchhaïkign)

AUTO-STOP

HOLD (TO)
(tou ho:ld)

TENIR

HOLE
(ho:l)

TROU

HOLIDAY *(hâledé:)*

VACANCES

HOME
(ho:m)

MAISON

HOSPITAL
(hâspitel)

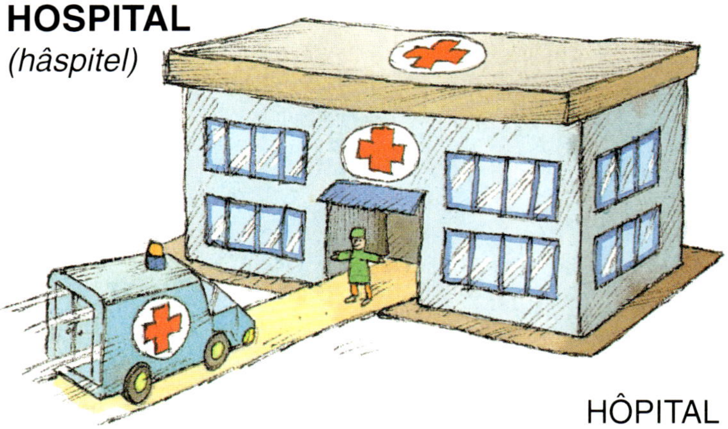

HÔPITAL

HOT
(hât')

CHAUD

HOTEL
(ho:tèl)

HÔTEL

HOUSE MAISON
(haou:s')

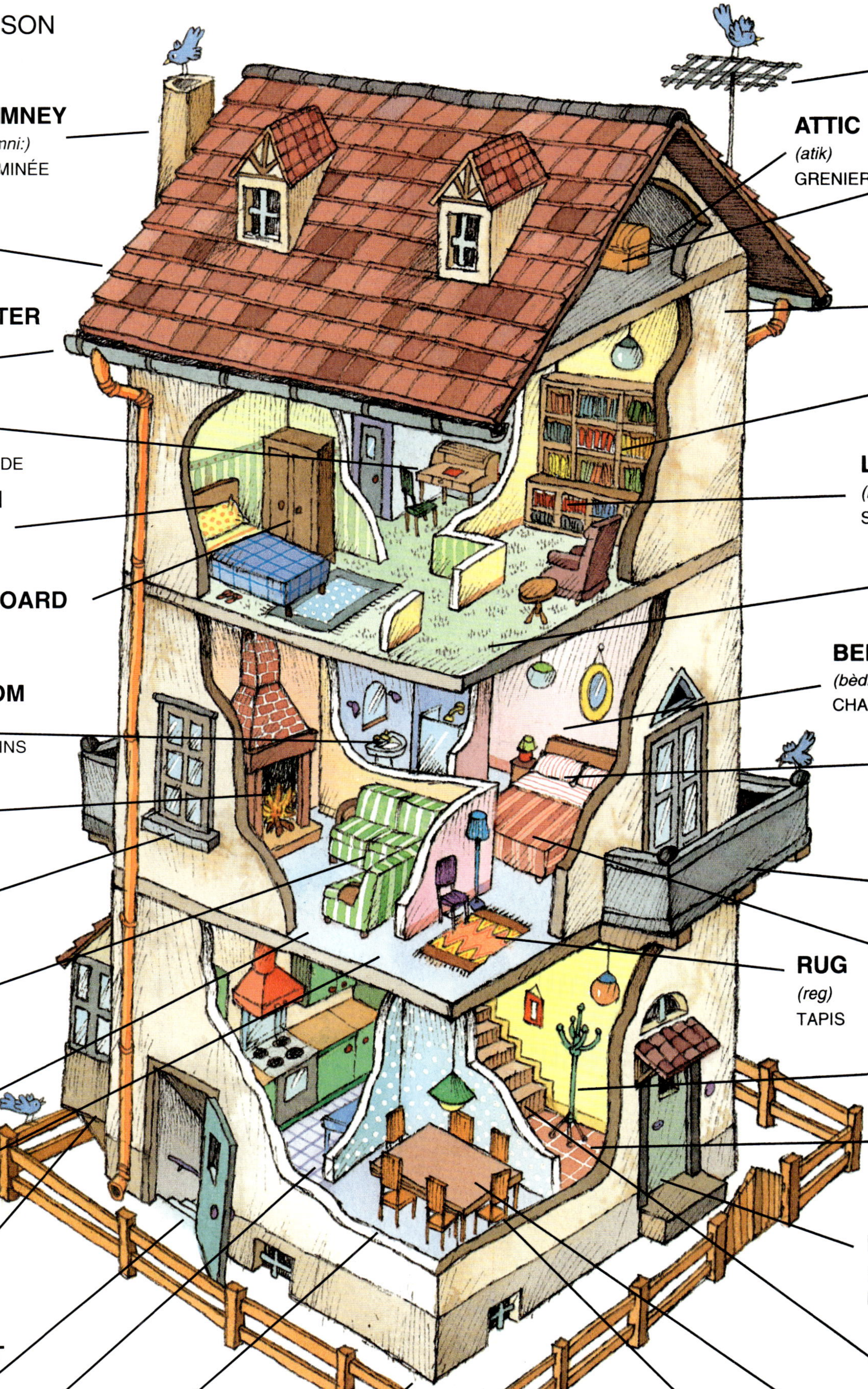

HOW COMMENT
(haou:)

HOW ARE YOU?
(haou: âr' you?)
COMMENT ALLEZ-VOUS?

HOW DO YOU DO?
(haou: dou you dou?)
ENCHANTÉ

HOW MANY?
(haou: mèni:?)
COMBIEN?

HOW MUCH?
(haou: metch?)
COMBIEN?

HOWEVER
(haouèver')

CEPENDANT

HUNGRY (TO BE)
(tou bi hegngri:)

AVOIR FAIM

HUNTER
(hen'ter')

CHASSEUR

HURRICANE
(hereké:n')

OURAGAN

I

ICE
(aïs')

GLACE

ICE CREAM
(aïs kri:m)

GLACE/CRÈME GLACÉE

IDEA
(aïdi:e)

IDÉE

IF
(if)

SI

ILL
(il)

MALADE

IMPORTANT
(importen't')

IMPORTANT

IN
(in')

DANS

IN FRONT OF
(in' fren't' ev)

DEVANT

INCH
(in'tch)

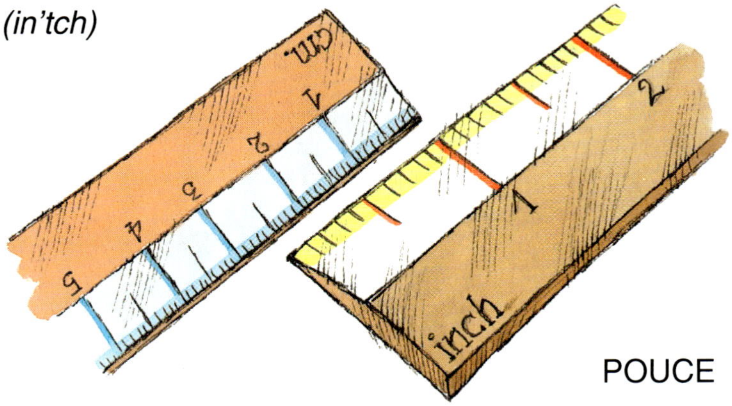

POUCE

INDIAN
(in'di:en')

INDIEN

INFORMATION
(infermé:chen')

RENSEIGNEMENT/INFORMATION

INK
(ignk)

ENCRE

INSIDE
(in'ssaïd)

DEDANS

INTRODUCE (TO)
(tou in'tredyouss')

PRÉSENTER

ISLAND
(aïlen'd')

ÎLE

J

JAR
(djâr)

BOCAL

JAW
(djâ)

MÂCHOIRE

JEWEL
(djou:el)

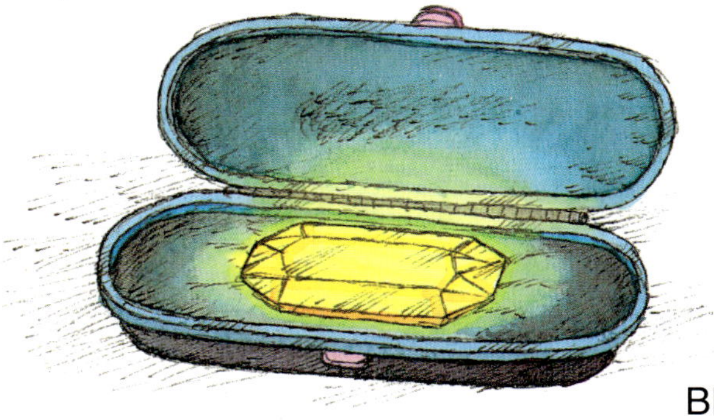

BIJOU

JOB
(djâb)

TRAVAIL

JOKE
(djo:k)

BLAGUE

JUDGE
(djedj)

JUGE

JUMP (TO)
(tou djemp)

SAUTER

K

KEY
(ki:)

CLÉ

KIND
(kaïn'd')

GENTIL

KING
(kign)

ROI

KISS (TO)
(tou kis')

EMBRASSER

KNIFE
(naïf)

COUTEAU

KNOCK (TO)
(tou nâk)

COGNER/FRAPPER

KNOW (TO)
(tou no:)

SAVOIR

L

LADDER
(lader')

ÉCHELLE

LADYBUG
(lé:di:beg)

COCCINELLE

LAKE
(lé:k)

LAC

LAMP
(lèm'p')

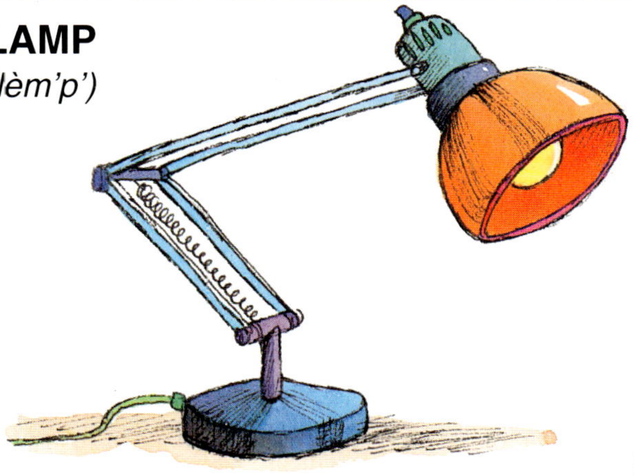

LAMPE

LATE
(lé:t')

TARD

LAUGH (TO)
(tou laf)

RIRE

LAWN
(lon')

HERBE

LAZY
(lé:zi:)

PARESSEUX

LEAF
(li:f)

FEUILLE

LEARN (TO)
(tou lern)

APPRENDRE

LEAVE (TO)
(tou li:v)

PARTIR

LEFT
(lèft)

GAUCHE

LESSON
(lèssen')

LEÇON

LETTER
(lèter')

LETTRE

LIE
(laï)

MENSONGE

LIFT (TO)
(tou lift')

SOULEVER

LIGHT
(laït)

LÉGER

LIGHT
(laït)

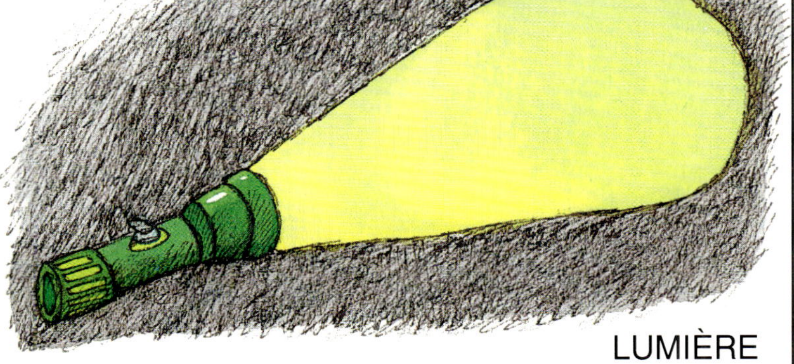

LUMIÈRE

LIKE (TO)
(tou laïk)

AIMER

LIPS
(lips')

LÈVRES

LISTEN (TO)
(tou lissen')

ÉCOUTER

LITTLE
(litel)

PETIT

LIVE (TO)
(tou liv)

HABITER

LONG
(logn)

LOOK AT (TO)
(tou louk at)

LONG

REGARDER

LOVE
(lev)

AIMER

LUCKY
(leki)

CHANCEUX

LUNCH REPAS LÉGER
(len'tch)

M

MAGAZINE
(maguezi:n')

REVUE

MAGICIAN
(medjichen')

MAGICIEN

MAIL
(mé:l)

COURRIER/POSTE

MAKE (TO)
(tou mé:k)

FABRIQUER

MALE
(mé:l)

MÂLE

MAN
(mèn')

HOMME

MANY *(mèni:)*

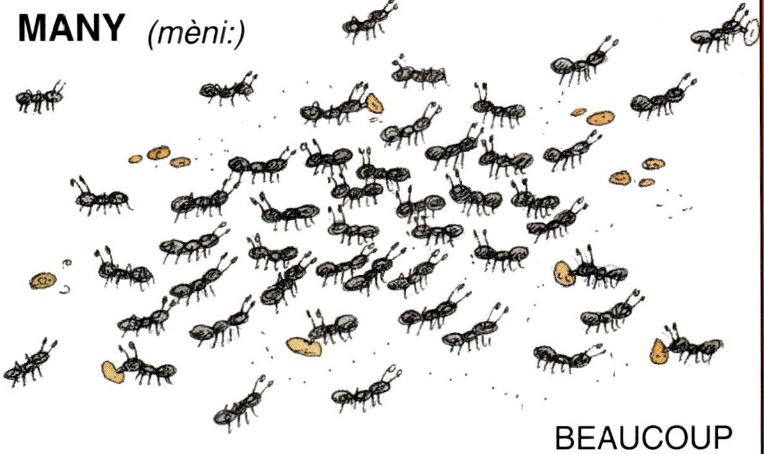

BEAUCOUP

MAP
(map)

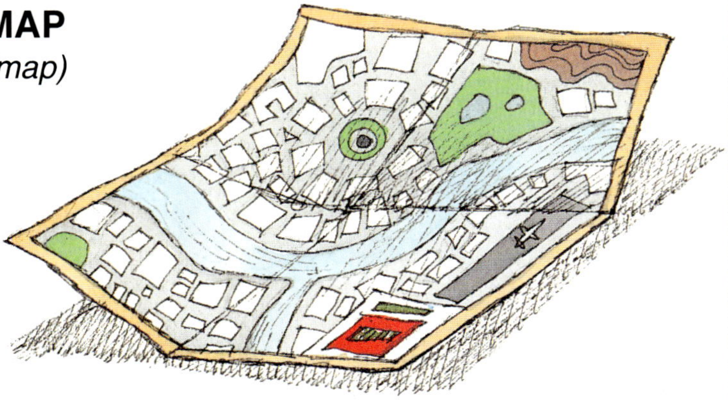

CARTE

MARKET
(mârket')

MARCHÉ

MARRIAGE
(maridj)

MARIAGE

MATCH
(match)

ALLUMETTE

MATH
(math)

MATHÉMATIQUE

MEAL
(mi:l)

REPAS

MEAT
(mi:t)

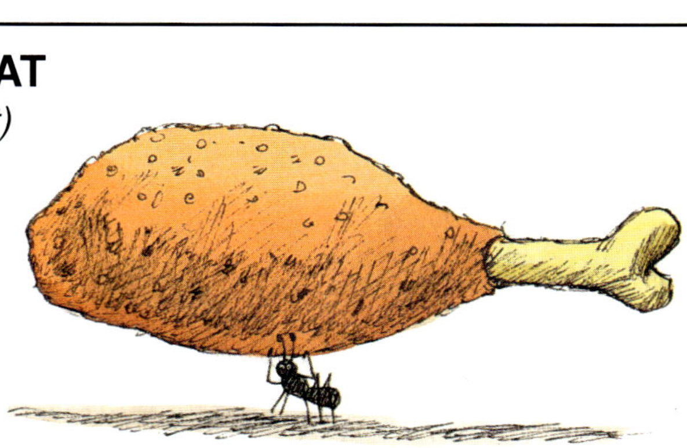

VIANDE

MEDICINE
(mèdessen')

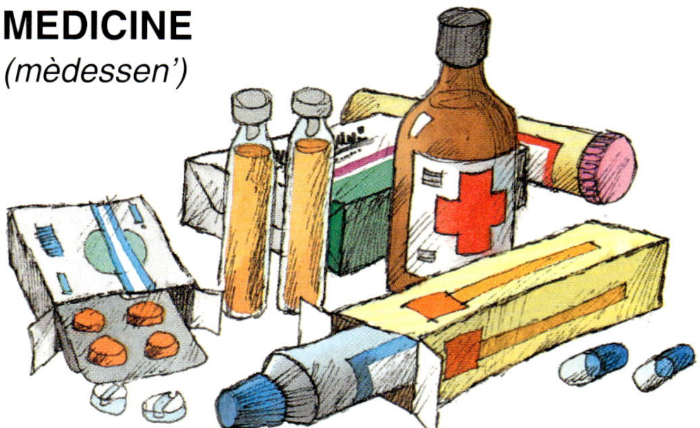

MÉDICAMENT

MEET (TO)
(tou mi:t')

RENCONTRER

MENU
(mènyou)

MENU

MESS
(mès')

DÉSORDRE

MESSAGE
(mèssidj)

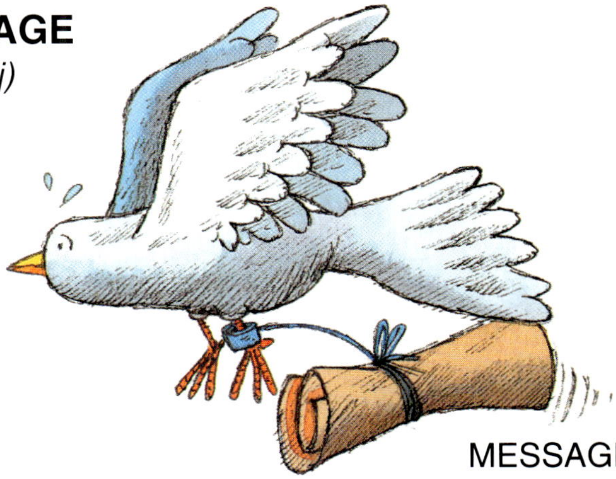

MESSAGE

MINUTE
(minet')

MINUTE

MIRROR *(mirer')*

MIROIR

MISTAKE *(mesté:k)*

FAUTE/ERREUR

MONEY
(meni:)

ARGENT

MONTHS MOIS
(men'ths)

JANUARY
(djanyouèri:)
JANVIER

FEBRUARY
(fèbyouèri:)
FÉVRIER

MARCH
(mârtch)
MARS

APRIL
(é:prel)
AVRIL

MAY
(mé:)
MAI

JUNE
(djou:n')
JUIN

JULY
(djoulaï)
JUILLET

AUGUST
(âguest)
AOÛT

SEPTEMBER
(sèptèmber')
SEPTEMBRE

OCTOBER
(âkto:ber')
OCTOBRE

NOVEMBER
(no:vèmber')
NOVEMBRE

DECEMBER
(dissèmber')
DÉCEMBRE

MOON
(mou:n')

LUNE

MOSQUITO
(meski:to:)

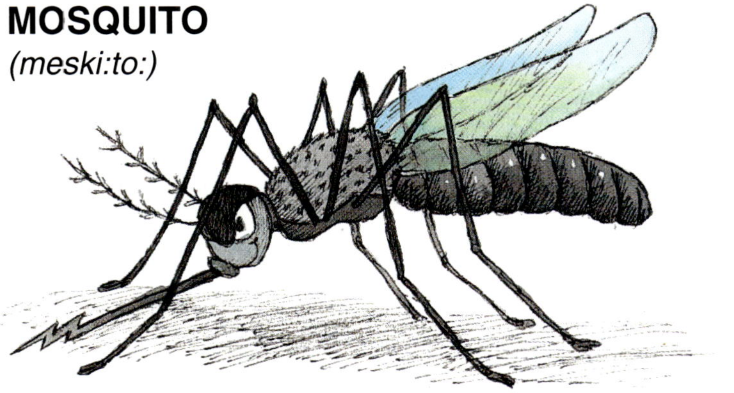

MOUSTIQUE

MOTOCROSS
(mo:to:kros')

MOTO-CROSS

MOTORCYCLE
(mo:ter'ssaïkel)

MOTO

MOUNTAIN
(maounten')

MONTAGNE

MOUSE
(maou:s')

SOURIS

MOVE (TO)
(tou mou:v)

DÉPLACER

MUCH
(metch)

BEAUCOUP

MUSCLE
(messel)

MUSCLE

MUSEUM
(myuzi:em)

MUSÉE

MUSICAL INSTRUMENTS INSTRUMENTS DE MUSIQUE
(myouzikel in'stremen't's')

PIANO
(pi:ano:)
PIANO

TRUMPET
(trempet')
TROMPETTE

VIOLIN
(vaïelin')
VIOLON

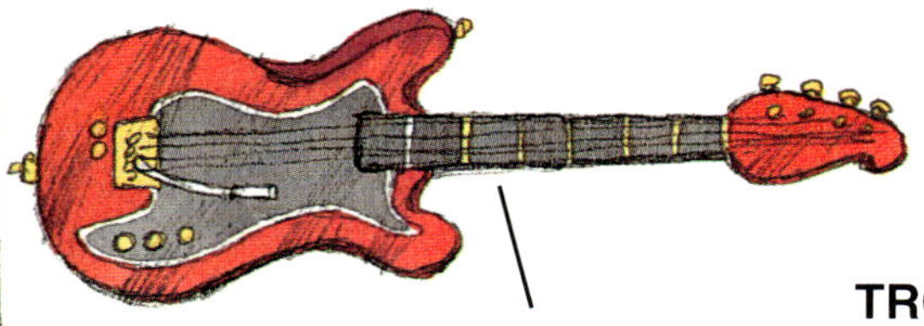

ELECTRIC GUITAR
(ilèktrik guetâr)
GUITARE ÉLECTRIQUE

BASS
(bés')
CONTREBASSE

SAXOPHONE
(saksefo:n')
SAXOPHONE

TROMBONE
(trâmbô:n)
TROMBONE

TUBA
(tou:be)
TUBA

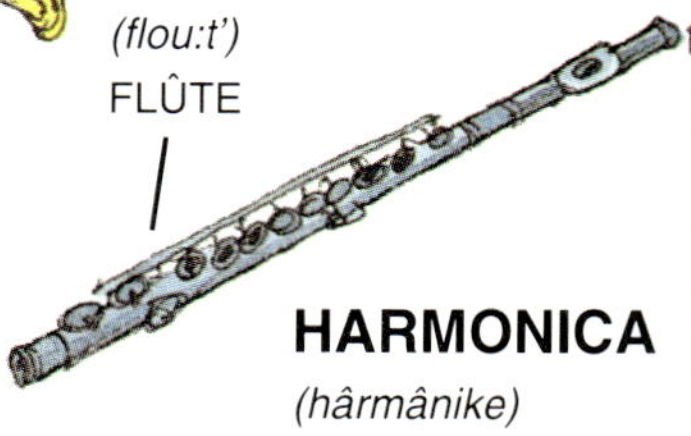

FLUTE
(flou:t')
FLÛTE

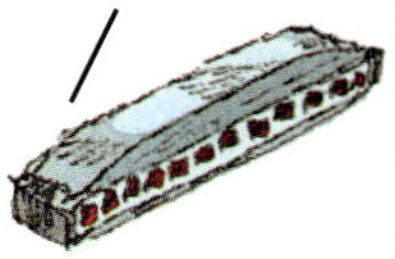

HARMONICA
(hârmânike)
HARMONICA

DRUMS
(dremz)
BATTERIE

ACCORDION
(ekordien')
ACCORDÉON

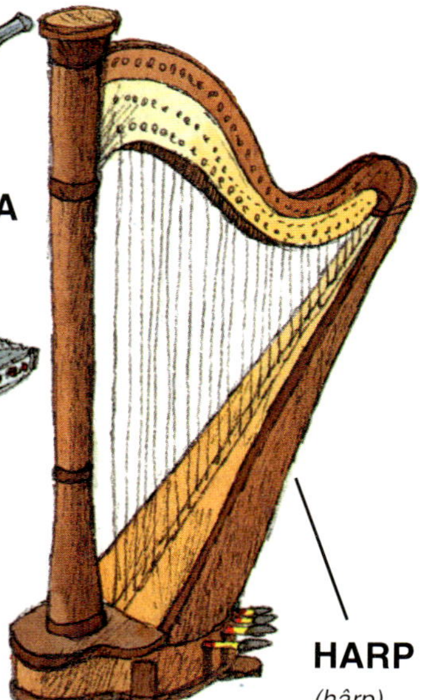

HARP
(hârp)
HARPE

N

NAIL (TOE/FINGER)
(né:l - to:/fignger')

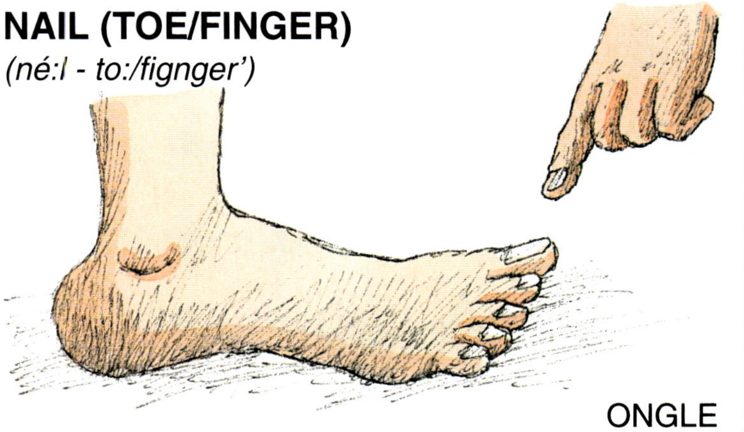

ONGLE

NAIL
(né:l)

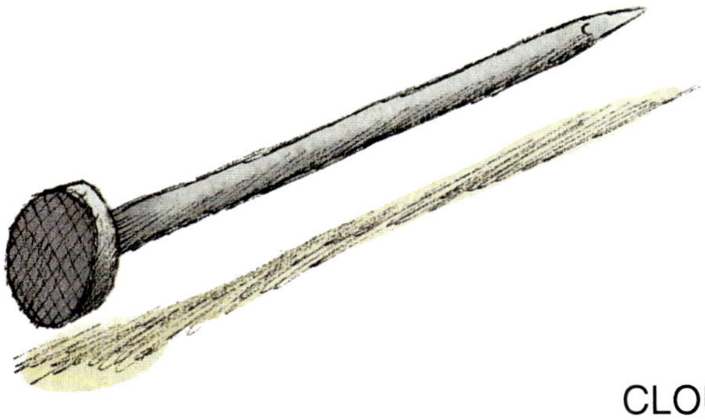

CLOU

NAME
(né:m)

NOM

NAP
(nap)

SIESTE

NAPKIN
(napken')

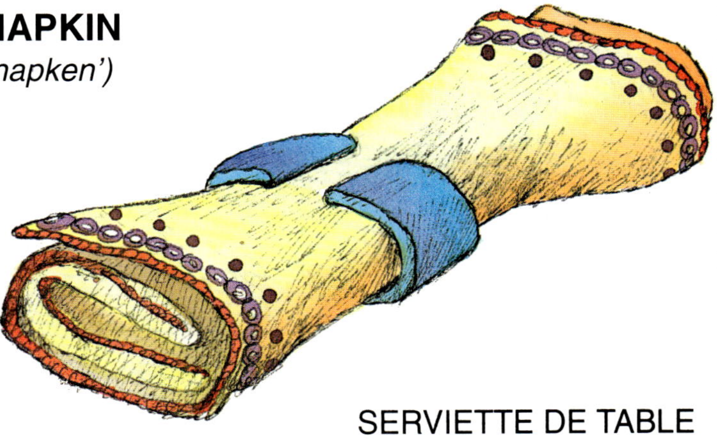

SERVIETTE DE TABLE

NARROW
(naro:)

ÉTROIT

NATION
(né:chen')

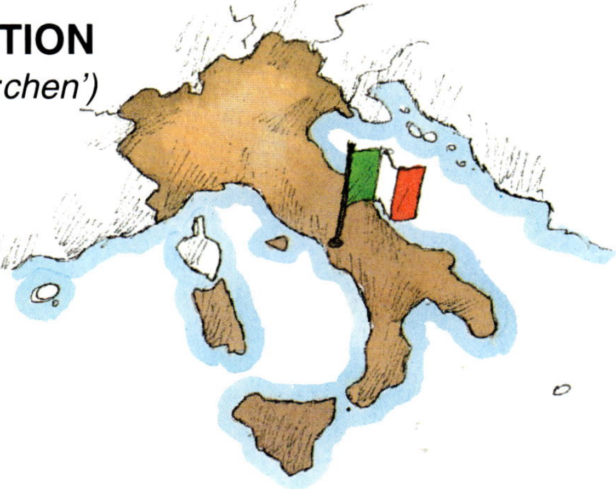

PAYS

NATIONS & FLAGS PAYS ET DRAPEAUX
(né:chenz en' flagz)

AUSTRALIA
(ostrélye)
AUSTRALIE

AUSTRIA
(ostri:e)
AUTRICHE

BELGIUM
(bèldjem)
BELGIQUE

BRAZIL
(brezil)
BRÉSIL

EGYPT
(i:djept')
ÉGYPTE

FINLAND
(fin'len'd')
FINLANDE

FRANCE
(fran's)
FRANCE

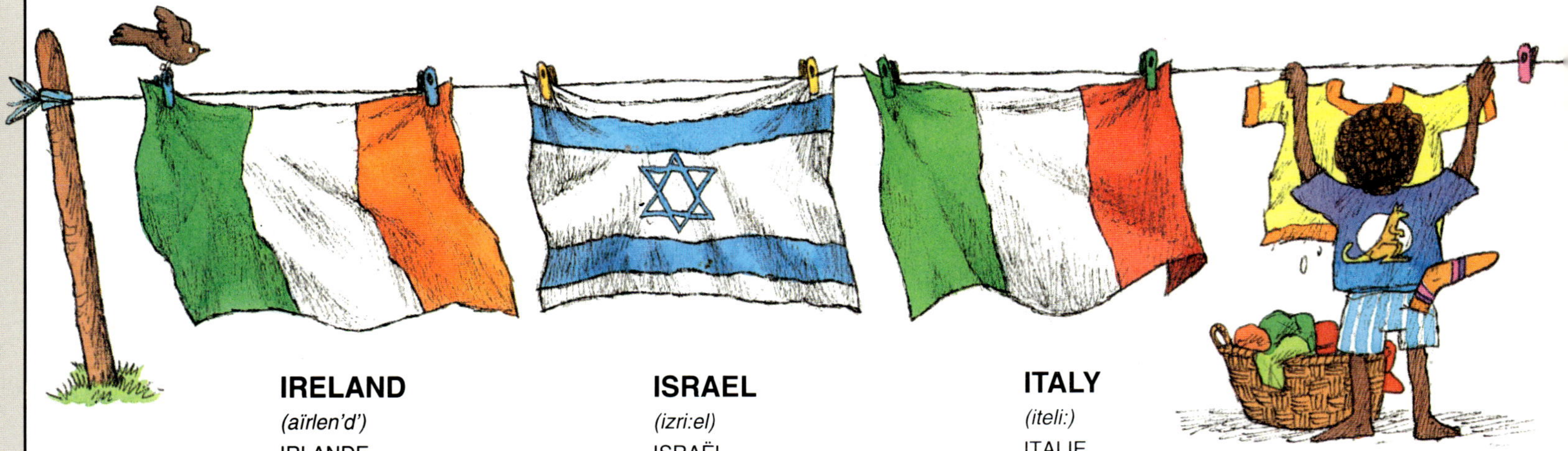

IRELAND
(aïrlen'd')
IRLANDE

ISRAEL
(izri:el)
ISRAËL

ITALY
(iteli:)
ITALIE

RUSSIA
(reche)
RUSSIE

SOUTH AFRICA
(saou:th afrike)
AFRIQUE DU SUD

SPAIN
(spé:n)
ESPAGNE

SWEDEN
(souiden')
SUÈDE

CANADA
(kanede)
CANADA

CHINA
(tchaïne)
CHINE

DENMARK
(dèn'mârk)
DANEMARK

GERMANY
(djermeni:)
ALLEMAGNE

GREECE
(gri:s')
GRÈCE

NETHERLANDS
(nèther'len'z)
PAYS-BAS

INDIA
(in'di:e)
INDE

JAPAN
(djepan')
JAPON

MEXICO
(mèkssiko:)
MEXIQUE

NORWAY
(noroué:)
NORVÈGE

PORTUGAL
(po:rtchiguel)
PORTUGAL

SWITZERLAND
(souitsser'len'd')
SUISSE

UNITED KINGDOM
(yunaïted' kigndem)
ROYAUME-UNI

U.S.A. (United States of America)
(you. èss. é:/
yunaïted' sté:ts ev emèreke)
ÉTATS-UNIS

NEAR
(nir)

PRÈS

NEEDLE
(ni:del)

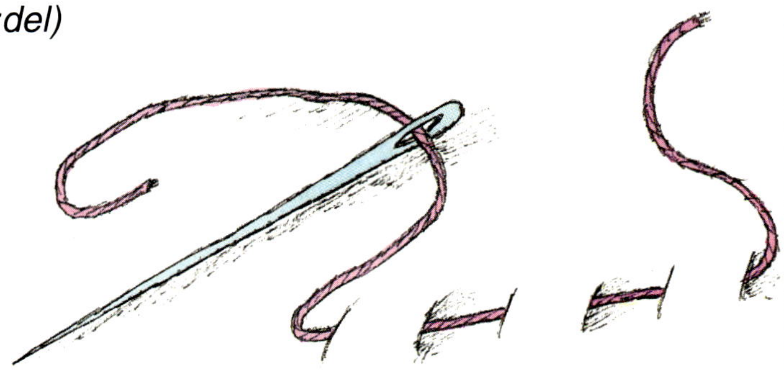

AIGUILLE

NEVER
(nèver')

JAMAIS

NEW
(niou:)

NOUVEAU

NEWSPAPER
(niou:zpé:per')

JOURNAL

NO
(no:)

NON

NOBODY
(no:bedi:)

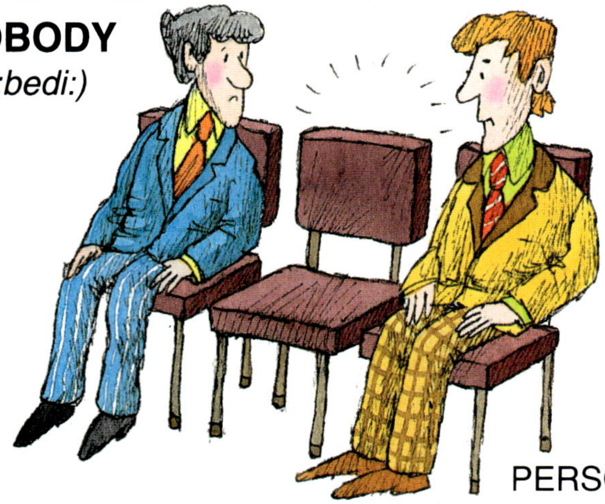

PERSONNE

NOISE *(noïz)*

BRUIT

NORTH
(north)
NORD

NORTH-WEST
(north ouèst)
NORD-OUEST

NORTH-EAST
(northi:st)
NORD-EST

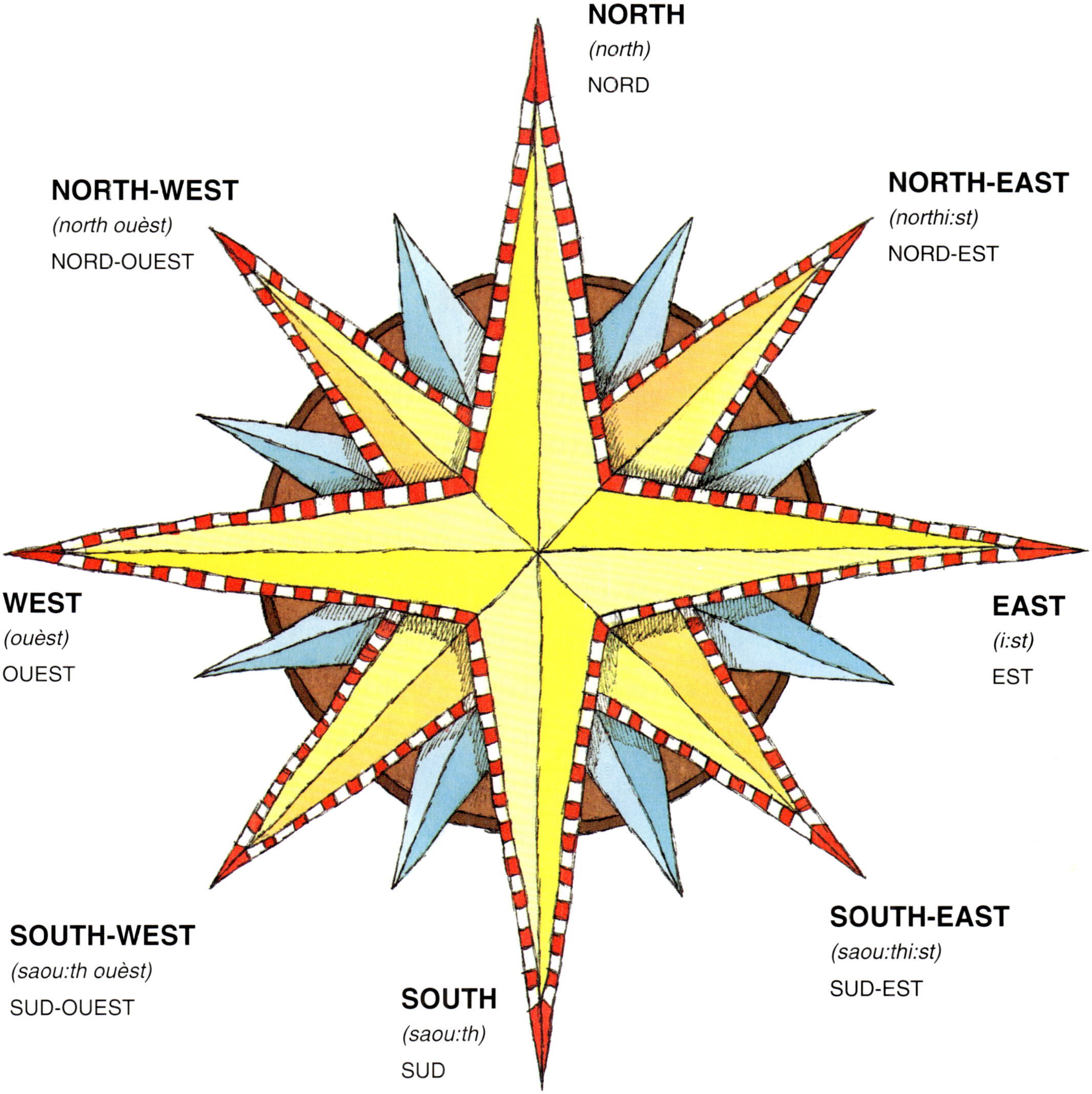

WEST
(ouèst)
OUEST

EAST
(i:st)
EST

SOUTH-WEST
(saou:th ouèst)
SUD-OUEST

SOUTH
(saou:th)
SUD

SOUTH-EAST
(saou:thi:st)
SUD-EST

NOTHING
(nethign)

RIEN

NOW
(naou:)

MAINTENANT

NUMBERS CHIFFRES
(nemberz)

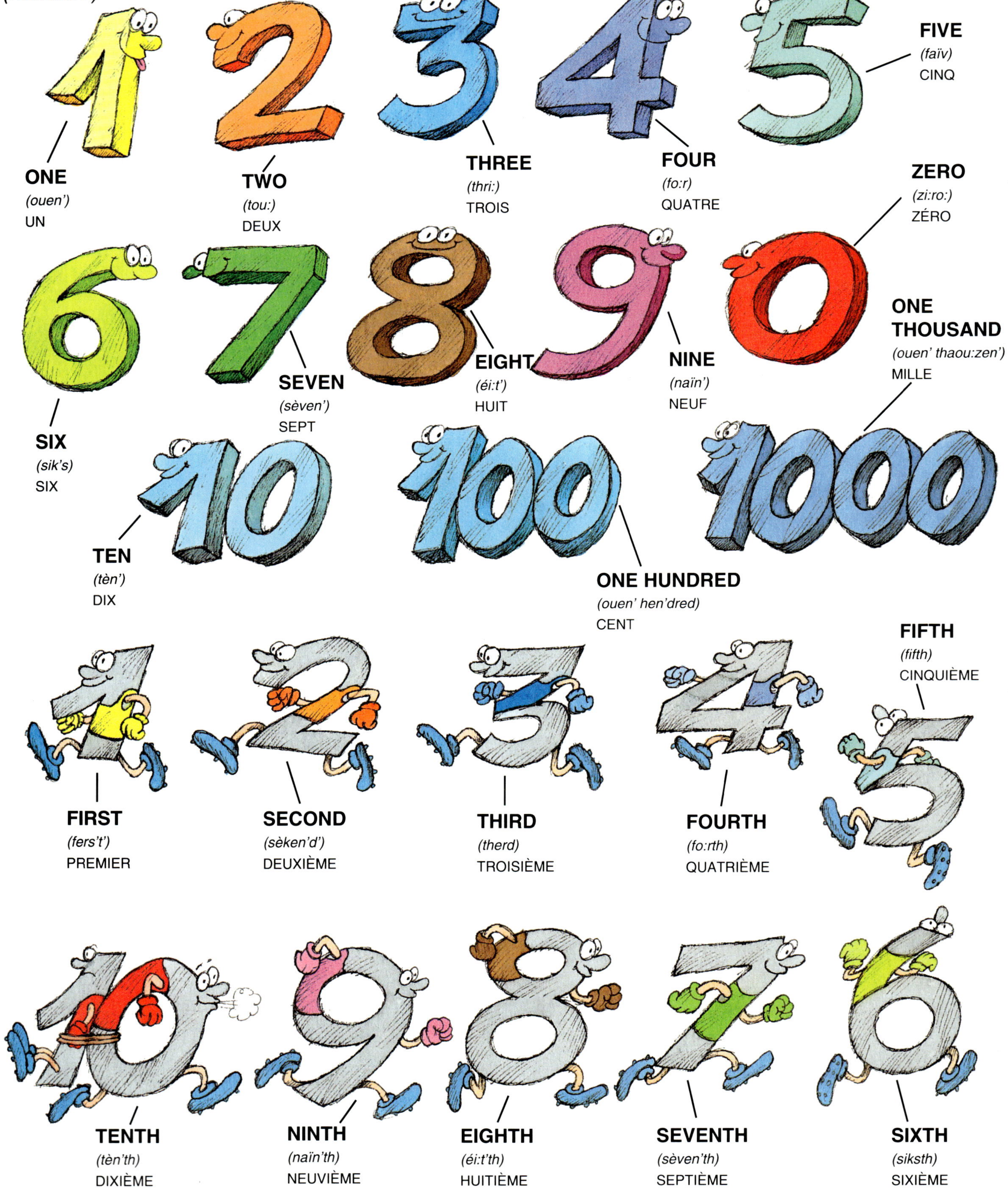

O

OAK
(o:k)

CHÊNE

OCEAN
(o:chen')

OCÉAN

OFFICE
(âfes')

BUREAU

OF
(ev)

DE

OFTEN
(ofen')

SOUVENT

OLD
(o:ld')

VIEUX

ON/OFF
(on'/of)

ALLUMER/ÉTEINDRE

ONLY
(o:n'li:)

SEULEMENT

OPEN/CLOSED
(o:pen'/klo:zd)

OUVERT/FERMÉ

OPPOSITE
(âpezet')

OPPOSÉ

OR
(or)

OU

ORDER (TO)
(tou order')

COMMANDER

OSTRICH
(âstritch)

AUTRUCHE

OUT
(aou:t')

DEHORS

OYSTER
(oïsster')

HUÎTRE

P

PAGE
(pé:dj)

PAGE

PAPER
(péper')

PAPIER

PARACHUTE
(parechou:t')

PARACHUTE

PARK
(pârk)

PARC

PARROT
(paret')

PERROQUET

PARTY
(pârti:)

FÊTE

PASSPORT
(pas'po:r't')

PASSEPORT

PEN
(pèn')

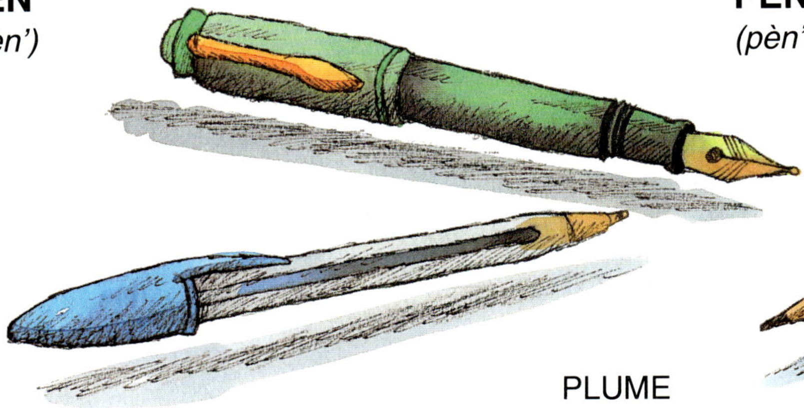

PLUME

PENCIL
(pèn'ssel)

CRAYON

PENGUIN
(pèngouen')

PINGOUIN

PETROLEUM
(petro:li:em')

PÉTROLE

PHOTOGRAPH
(fo:tegraf)

PHOTOGRAPHIE

PICTURE
(piktcher')

TABLEAU

PLATE
(plé:t')

ASSIETTE

PLAY (TO)
(tou plé:)

JOUER

PLAY (TO)
(tou plé:)

JOUER

PLEASE
(pli:z)

S'IL VOUS PLAÎT

POCKET
(pâket')

POCHE

POINT TO (TO)
(tou poin't' tou:)

INDIQUER

POLLUTION
(pelou:chen')

POLLUTION

PORT
(po:rt')

PORT

PRESENT
(prèzen't')

CADEAU

PROBLEM
(prâblem)

PROBLÈME

PROFESSIONS PROFESSIONS
(prefèchen'z)

PAINTER
(pé:n'ter')
PEINTRE
CARPENTER
(kârpen'ter')
MENUISIER
PLUMBER
(plemer')
PLOMBIER
SOLDIER
(so:ldjer')
SOLDAT
FIRE FIGHTER
(fayer' faïter')
POMPIER
POLICE OFFICER
(peli:s' âfesser')
OFFICIER DE
POLICE
WRITER
(raïter')
ÉCRIVAIN
A
TEACHER
(ti:tcher')
ENSEIGNANT
A
TAILOR
(té:ler')
TAILLEUR
SAILOR
(sé:ler')
MARIN
FISHERMAN
(ficher'men')
PÊCHEUR
LETTER
CARRIER
(lèter' kari:er')
FACTEUR

PROFESSOR
(prefèsser')

PROFESSEUR

PROMISE (TO)
(tou prâmes')

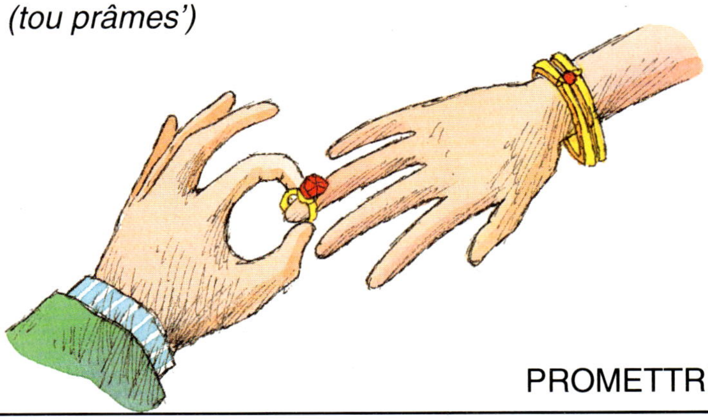

PROMETTRE

PROUD
(praou:d')

FIER

PULL (TO)
(tou poul)

TIRER

PUPIL
(pyoupel)

ÉLÈVE

PUSH (TO)
(tou pouch)

POUSSER

PUZZLE
(pezel)

CASSE-TÊTE/PUZZLE

PYRAMID
(piremid)

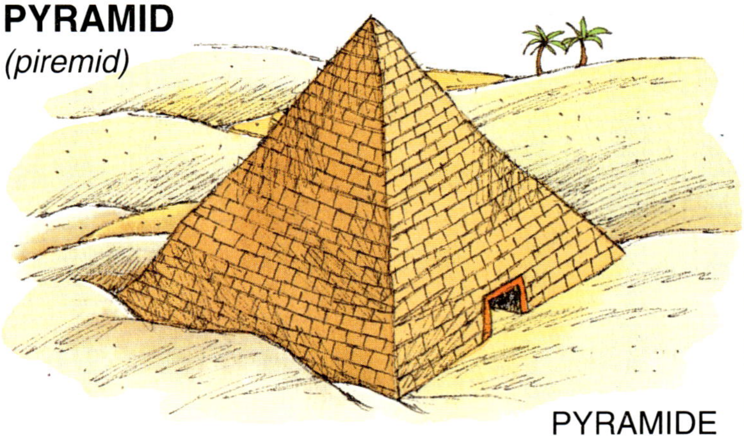

PYRAMIDE

Q

QUAIL
(koué:l)

CAILLE

QUALITY
(kouâleti:)

QUALITÉ

QUANTITY
(kouânteti:)

QUANTITÉ

QUARREL (TO)
(tou kouore'l)

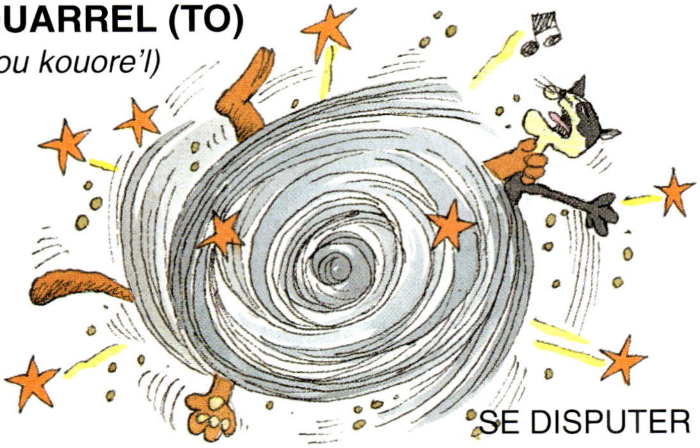

SE DISPUTER

QUARTER
(kouoter')

QUART

QUEEN
(koui:n')

REINE

QUESTION
(kouèschen')

QUESTION

QUEUE
(kyou:)

QUEUE (FAIRE LA)

QUICK
(kouik)

RAPIDE

QUICKSAND
(kouikssan'd')

SABLE MOUVANT

QUIET
(kouaïet)

CALME

QUILL
(kouil)

PLUME D'OIE

QUILT
(kouilt')

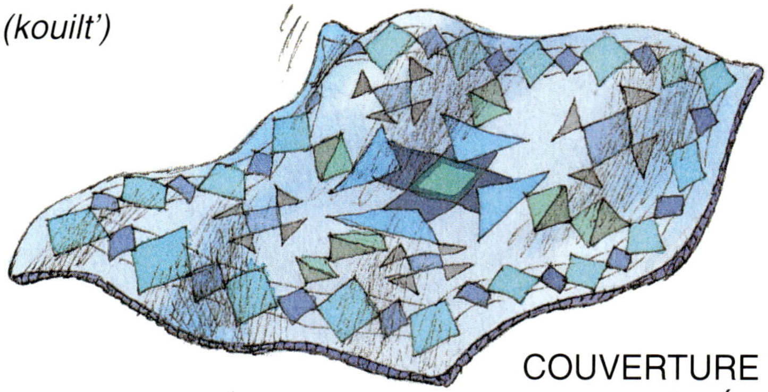

COUVERTURE PIQUÉE

QUIVER
(kouiver')

CARQUOIS

QUIZ (TO)
(tou kouiz)

QUESTIONNER

R

RACE
(ré:s')

COURSE

RADIO
(rédi:o:)

RADIO

RAFT
(raft)

RADEAU

RAIN
(ré:n')

RAINBOW
(ré:n'bo:)

PLUIE

ARC-EN-CIEL

READ (TO)
(tou ri:d)

LIRE

RECORD
(rèker'd)

DISQUE

REFRIGERATOR
(rifridjeré:ter')

RÉFRIGÉRATEUR

RELATIVES
(rèletivz)

PARENTS/FAMILLE

RELAX (TO)
(tou rilaks')

SE DÉTENDRE

REPEAT (TO)
(tou ripi:t)

RÉPÉTER

REST (TO)
(tou rès't')

SE REPOSER

RESTAURANT
(rèstren't')

RESTAURANT

RHINOCEROS
(raïnâsseres)

RHINOCÉROS

RICE
(raïs')

RIZ

RICH
(ritch)

RICHE

RIGHT
(raït')

DROITE

RING
(rign)

BAGUE

RIVER
(river')

RIVIÈRE

ROAD
(ro:d)

ROUTE

ROBOT
(ro:bât')

ROBOT

ROCK
(râk)

ROLL (TO)
(tou rol)

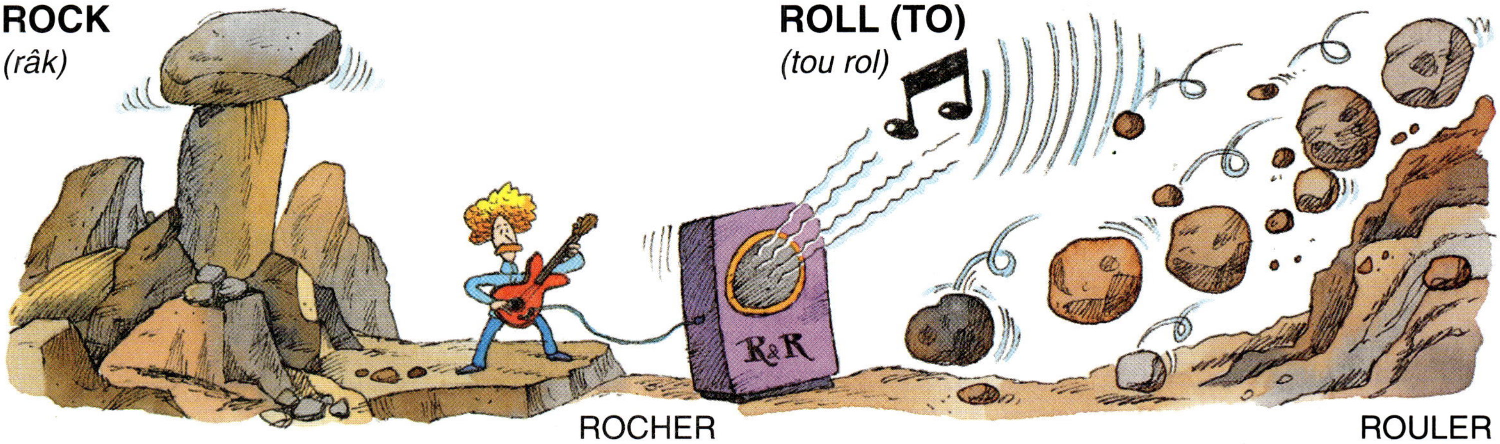

ROCHER

ROULER

ROPE
(ro:p)

CORDE

ROYAL
(roïl)

ROYAL

RUBBER/ERASER
(reber'/iré:sser')

GOMME À EFFACER

RUCKSACK
(reksak)

SAC À DOS

RUN (TO) COURIR
(tou ren')

RUN ACROSS (TO)
(tou ren' ekros')
RENCONTRER (PAR HASARD)

RUN AFTER (TO)
(tou ren' after')
COURIR APRÈS

RUN AWAY (TO)
(tou ren' eoué:)
S'ENFUIR

RUN AROUND (TO)
(tou ren' eraoun'd')
COURIR ÇA ET LÀ

RUN TO (TO)
(tou ren' tou:)
COURIR VERS

RUN OVER (TO)
(tou ren' over')
ÉCRASER

RUN OUT OF (TO)
(tou ren' aout' ev)
PERDRE/MANQUER

S

SAD
(sad)

TRISTE

SAFE
(sé:f)

COFFRE-FORT

SAIL
(sé:l)

VOILE

SALE
(sé:l)

VENTE

SAME
(sé:m)

MÊME

SAND
(sèn'd')

SABLE

SAVE (TO)
(tou sé:v)

ÉPARGNER

SAY (TO)
(tou sé:)

DIRE

SCALE
(ské:l)

BALANCE

SCARF
(skârf)

FOULARD/
ÉCHARPE

SCENERY
(si:neri:)

PAYSAGE

SCHOOL
(skou:l)

ÉCOLE

SCISSORS
(sizer'z)

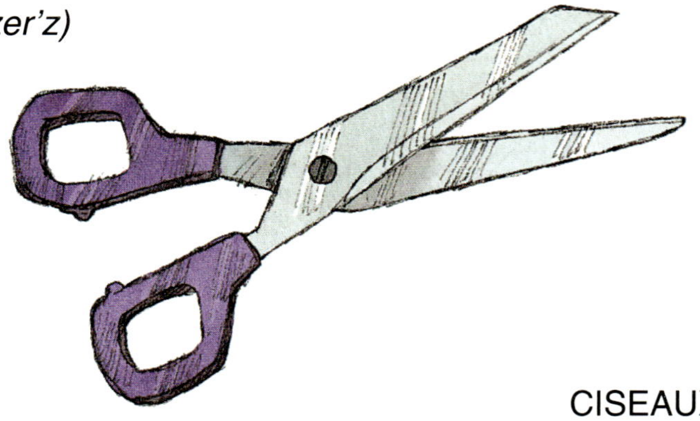

CISEAUX

SEA
(si:)

SEAL
(si:l)

MER

PHOQUE

SEASONS SAISONS
(si:zen'z)

SPRING
(sprign)
PRINTEMPS

SUMMER
(semer')
ÉTÉ

AUTUMN
(otem)
AUTOMNE

WINTER
(ouin'ter')
HIVER

SEE (TO)
(tou si:)

VOIR

SELL (TO)
(tou sèl)

VENDRE

SEND (TO)
(tou sèn'd')

ENVOYER

SHAMPOO *(champou)*

SHAMPOING

SHAPES FORMES
(ché:ps)

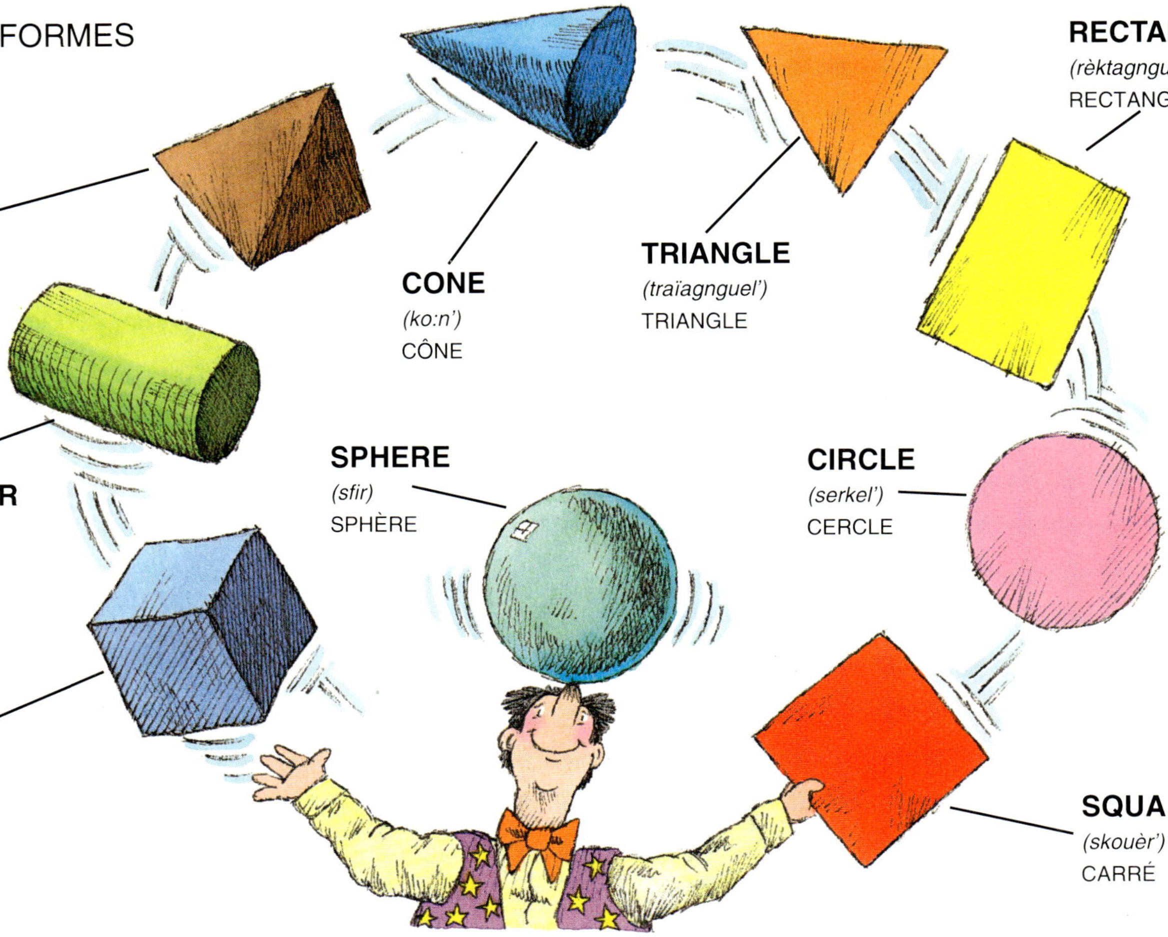

PYRAMID
(piremid)
PYRAMIDE

CONE
(ko:n')
CÔNE

TRIANGLE
(traïagnguel')
TRIANGLE

RECTANGLE
(rèktagnguel')
RECTANGLE

CYLINDER
(silen'der')
CYLINDRE

SPHERE
(sfir)
SPHÈRE

CIRCLE
(serkel')
CERCLE

CUBE
(kyoub)
CUBE

SQUARE
(skouèr')
CARRÉ

SHARK
(chârk)

REQUIN

SHAVE (TO)
(tou ché:v)

RASER (SE)

SHELL
(chèl)

COQUILLAGE

SHIP
(chip)

NAVIRE

SHOP *(châp)*

FAIRE DES COURSES

SHORT
(chort')

COURT

SHORT
(chort')

PETIT

SHOUT (TO) *(tou chaou:t')*

CRIER

SHOWER
(chaouer')

DOUCHE

SICK
(sik)

MALADE

SIDEWALK
(saïdouok)

TROTTOIR

SIGN
(saïn')

ENSEIGNE

SIT DOWN (TO)
(tou sit' daoun')

S'ASSEOIR

SKATE (TO)
(tou ské:t')

PATINER

SKIN
(skin')

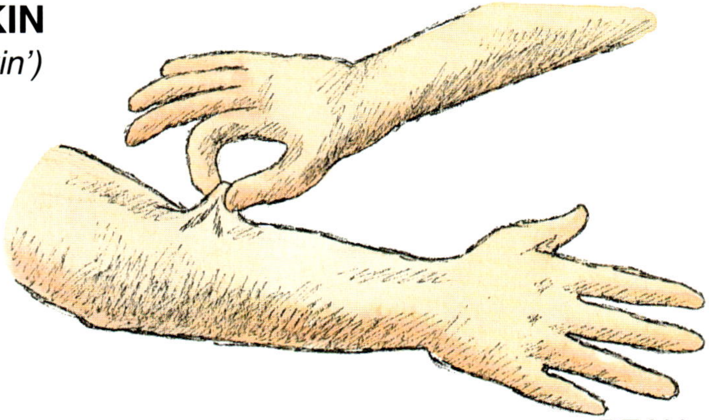

PEAU

SKY
(skaï)

CIEL

SKYSCRAPER
(skaïskré:per')

GRATTE-CIEL

SLEEP (TO)
(tou sli:p)

DORMIR

SLEIGH
(slé:)

TRAÎNEAU

SLOW
(slo:)

LENT

SMALL
(smol)

PETIT

SMART
(smârt')

INTELLIGENT

SMELL (TO)
(tou smèl)

SMOKE
(smo:k)

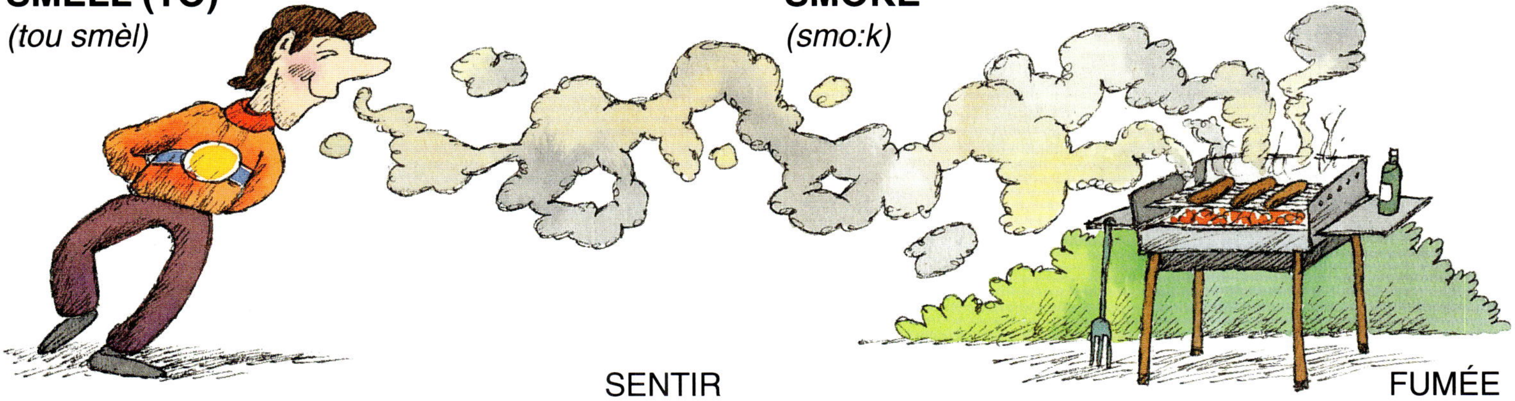

SENTIR

FUMÉE

SNAIL
(sné:l)

ESCARGOT

SNAKE *(sné:k)*

SERPENT

SNEEZE (TO)
(tou sni:z)

SNOW
(sno:)

ÉTERNUER

NEIGE

SO
(so:)

SI/TELLEMENT

SOAP
(so:p)

SAVON

SOFT
(soft)

MOU

SONG
(sogn)

CHANSON

SORRY!
(sâri:)

DÉSOLÉ!

SPACESHIP
(spé:s'chip)

VAISSEAU SPATIAL

SPEAK (TO)
(tou spi:k)

PARLER

SPEND (TO)
(tou spèn'd')

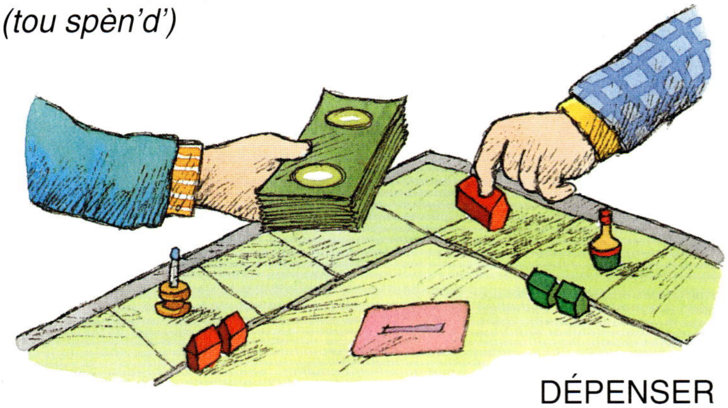

DÉPENSER

SPICES & HERBS ÉPICES ET FINES HERBES
(spaïsi:z en' erbz)

BASIL
(bazel)
BASILIC

GARLIC
(gârlik)
AIL

MINT
(min't')
MENTHE

OREGANO
(erègueno:)
ORIGAN

PARSLEY
(pârsli:)
PERSIL

THYME
(taïm)
THYM

PEPPER
(pèper') POIVRE

ROSEMARY
(ro:zmèri:) ROMARIN

SAGE
(sé:dj) SAUGE

SALT
(solt) SEL

SPIDER
(spaïder')

ARAIGNÉE

SPIN (TO)
(tou spin')

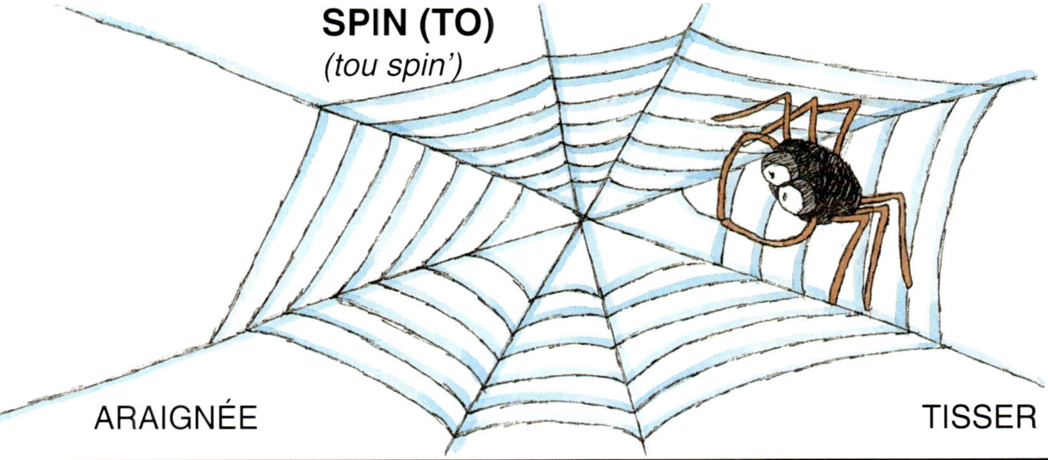

TISSER

SPINE
(spaïn')

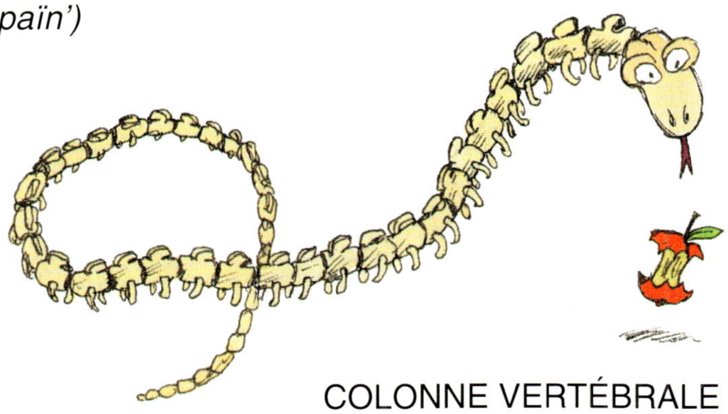

COLONNE VERTÉBRALE

SPOON
(spou:n')

CUILLÈRE

SPORTS SPORTS
(spo:r't's')

ARCHERY
(ârtcheri:)
TIR À L'ARC

AMERICAN FOOTBALL
(emèreken' foutbol)
FOOTBALL

BASEBALL
(bé:ssbol)
BASEBALL

CRICKET
(kriket')
CRICKET

BASKETBALL
(baskitbol)
BASKET-BALL
/BALLON-PANIER

GYMNASTICS
(djimnastiks')
GYMNASTIQUE

CYCLING
(saïklign)
CYCLISME

RIDING
(raïdign)
ÉQUITATION

ICE SKATING
(aïs' ské:tign)
PATINAGE (SUR GLACE)

ICE HOCKEY
(aïs' hâki:)
HOCKEY (SUR GLAC

RUGBY
(regbi:)
RUGBY
SAILING
(sé:lign)
VOILE
RUNNING
(renign)
COURSE
SKIING
(ski:ign)
SKI
SOCCER/FOOTBALL
(sâker'/foutbol)
SOCCER
VOLLEYBALL
(vâli:bol)
VOLLEY-BALL
SURFING
(serfign)
SURF
WEIGHT LIFTING
(oué:t liftign)
HALTÉROPHILIE
TENNIS
(tènes')
TENNIS
SWIMMING
(swimign)
NATATION

SQUARE
(skouèr')

PLACE

SQUIRREL
(skouerel')

ÉCUREUIL

STAMP
(stèm'p)

TIMBRE

STAR
(stâr)

ÉTOILE

STATION GARE
(sté:chen')

STICK
(stik)

BÂTON

STOP (TO)
(tou stâp)

ARRÊTER

STREET
(stri:t)

RUE

STRONG
(strogn)

FORT

STUDENT
(stouden't')

STUDY (TO)
(tou stedi:)

ÉLÈVE

ÉTUDIER

SUBMARINE
(sebmeri:n')

SOUS-MARIN

SUITCASE
(soutké:s')

VALISE

SUN
(sen')

SOLEIL

SUNRISE/SUNSET
(sen'raïz/sen'sèt')

LEVER DU SOLEIL/COUCHER DE SOLEIL

SUPERMARKET
(souper'mârket')

SUPERMARCHÉ

SURNAME
(serné:m)

NOM DE FAMILLE

SURPRISE
(serpraïz)

SURPRISE

SWEET
(soui:t)

BONBON

SWIM (TO)
(tou souim)

SWIMMING POOL *(souimign pou:l)*

NAGER

PISCINE

T

T-SHIRT
(ti:-chert')

TEE-SHIRT

TABLE
(té:bel)

TABLE

TABLECLOTH
(té:belkloth)

NAPPE

TAIL
(té:l)

QUEUE

TAKE (TO)
(tou té:k)

PORTER

TAKE (TO)
(tou té:k)

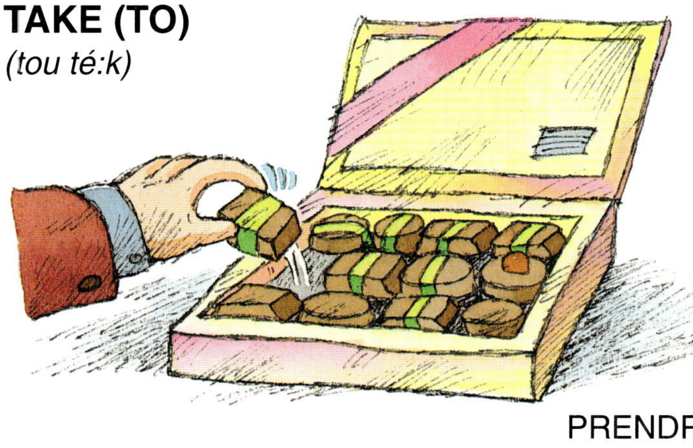

PRENDRE

TALL
(tol)

GRAND

TAXI
(taksi:)

TAXI

TELEPHONE/FAX
(tèlefo:n'/faks')

TÉLÉPHONE/TÉLÉCOPIEUR

TELEVISION SET
(tèlevijen' sèt)

TÉLÉVISEUR

TELEX
(tèlèks')

TÉLEX

TELL(TO)
(tou tèl)

RACONTER

TEMPERATURE
(tèmpretcher')

TEMPÉRATURE

TENNIS COURT
(tènes' ko:rt)

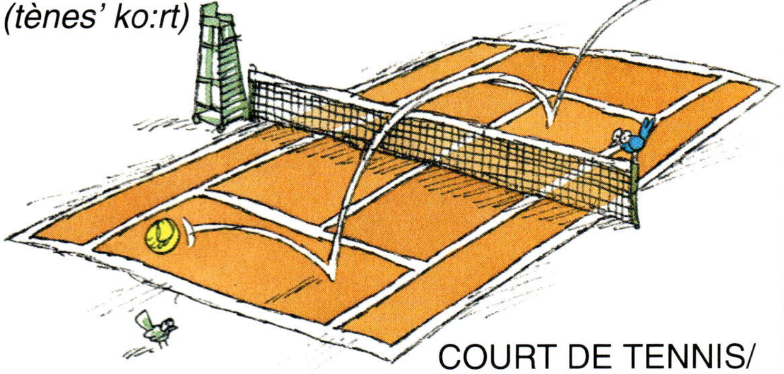

COURT DE TENNIS/
TERRAIN DE TENNIS

THANK YOU
(thègn kyou)

MERCI

THAT
(dhat)
CELA/ÇA

THE
(dhe)
LE/LA

THEATRE
(thi:eter')

THÉÂTRE

THERE
(dhèr')

LÀ

THEN
(dhèn')
EN CE TEMPS-LÀ/
ALORS

THESE
(dhi:z)
CECI/CE

THIN
(thin')

MINCE

THINK (TO)
(tou thignk)

PENSER/RÉFLÉCHIR

THIRSTY (TO BE)
(tou bi thersti:)

AVOIR SOIF

THIS
(dhiss')

CECI/CE

THOSE
(dho:z)

CEUX/CELLES

THROAT
(thro:t)

GORGE

THUMB
(them)

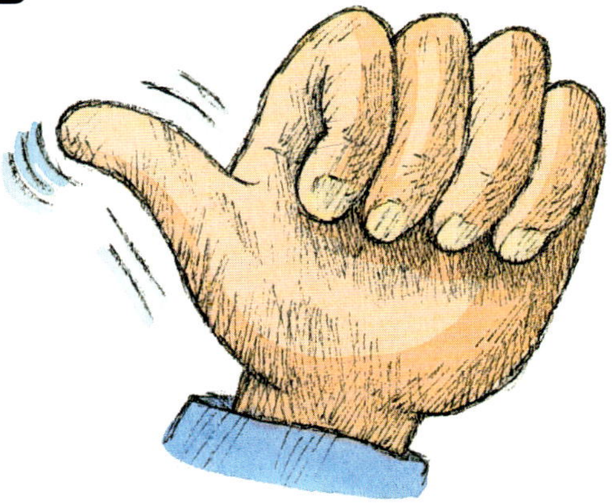

POUCE

TIME
(taïm)

HEURE

TIRED
(tayer'd')

FATIGUÉ

TODAY
(tedé:)

AUJOURD'HUI

TOGETHER
(teguèther')

ENSEMBLE

TOMORROW
(temâro:)

DEMAIN

TONGUE
(tegn)

LANGUE

TOOTH (-PASTE/-BRUSH)
(touth - pést'/ brâch)

DENTIFRICE/BROSSE À DENTS

TORTOISE
(tortes')

TORTUE

TOWEL
(taouel')

SERVIETTE

TOWN
(taoun')

VILLE

TOY
(toï)

JOUET

TRAFFIC LIGHT
(trafik laït)

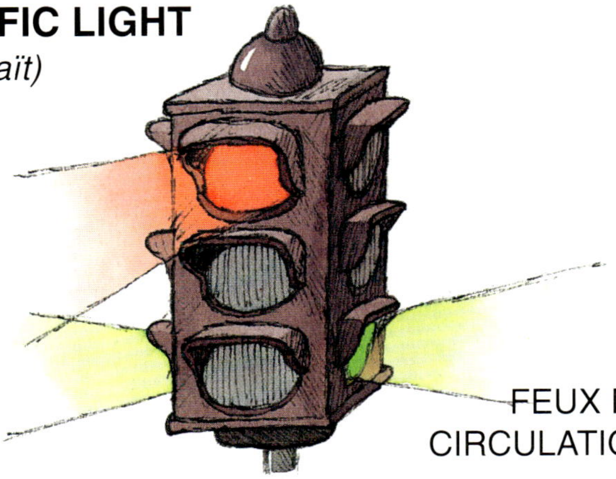

FEUX DE CIRCULATION

TRAIL
(tré:l)

SENTIER

TRAVEL (TO)
(tou travel)

VOYAGER

TREASURE
(trèjer')

TRÉSOR

TREE
(tri:)

ARBRE

TURKEY
(terki:)

DINDON

TWINS
(touin'z)

JUMEAUX

TYPEWRITER
(taïpraïter')

MACHINE À ÉCRIRE

U

UGLY
(egli:)

AFFREUX

UMBRELLA
(embrèle)

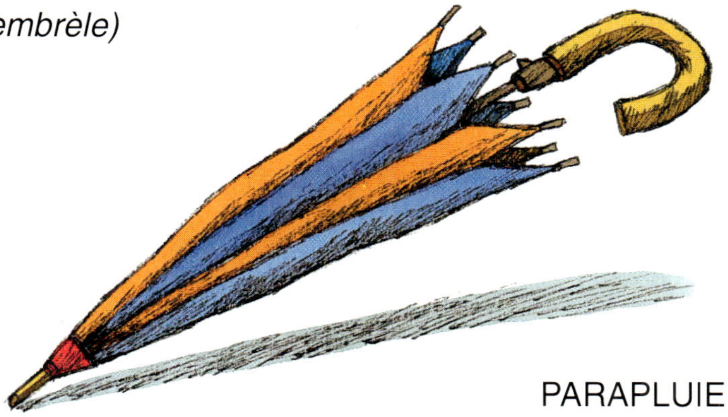

PARAPLUIE

UNDER
(en'der')

SOUS

UNDERSTAND (TO)
(tou en'der'stand)

COMPRENDRE

UNHAPPY
(en'hapi:)

MALHEUREUX

UNIVERSITY
(younever'seti:)

UNIVERSITÉ

UP
(ep)

EN HAUT

V

VACANCY
(vé:ken'si:)

CHAMBRE LIBRE

VACATION
(vé:ké:chen')

VACANCES

VACUUM CLEANER
(vakyoum kli:ner')

ASPIRATEUR

VALENTINE'S DAY
(valentaïnz dé:)

JOUR DE LA
SAINT-VALENTIN

VALLEY *(vali:)*

VALLÉE

VAMPIRE
(vampayer')

VAMPIRE

VASE
(vé:s')

VASE

VEGETABLES LÉGUMES
(vèdjtebelss')

VERY
(vèri:)

TRÈS

VICTORY
(viktri:)

VICTOIRE

VIEW
(vyou:)

VILLAGE
(vilidj)

VUE

VILLAGE

VISA
(vi:ze)

VISA

VOICE
(voïs')

VOIX

VOLCANO
(vâlké:no:)

VOLCAN

VOTE (TO)
(tou vo:t')

VOTER

W

WAIST

(oué:s't')

TAILLE

WAIT FOR (TO)

(tou oué:t' for)

ATTENDRE

WAKE UP (TO)

(tou oué:k ep)

SE RÉVEILLER

WALK (TO)

(tou ouok)

MARCHER

WALL

(ouol)

MUR

WANT (TO)

(tou ouon't')

VOULOIR

WARM (TO)

(tou ouorm)

RÉCHAUFFER

WASH (TO)
(tou ouooch)

LAVER

WASHING MACHINE
(ouochign mechi:n')

MACHINE À LAVER

WATCH
(ouâtch)

MONTRE

WATER
(ouâter')

EAU

WAVE
(oué:v)

VAGUE

WEAPON
(ouèpen')

ARME

WEAR (TO)
(tou ouèr')

PORTER

WEATHER
(ouèdher')

TEMPÉRATURE

WEEK
(oui:k)
SEMAINE
MONDAY
(men'dé:)
LUNDI
TUESDAY
(tiou:zdé:)
MARDI
WEDNESDAY
(ouen'zdé:)
MERCREDI
THURSDAY
(therzdé:)
JEUDI
FRIDAY
(fraïdé:)
VENDREDI
SATURDAY
(sater'dé:)
SAMEDI
SUNDAY
(sen'dé:)
DIMANCHE

WELCOME
(ouèlkem)

BIENVENUE

WELL
(ouèl)

BIEN

WET
(ouèt')

MOUILLÉ

WHAT IS IT?
(ouât iz it')

QU'EST-CE QUE C'EST?

WHEEL
(ouï:l)

ROUE

WHEN?
(ouèn')

QUAND?

WHERE?
(ouèr')

OU?

WHICH?
(ouitch)

LEQUEL/LAQUELLE?

WHO?
(hou)

QUI?

WHY?/BECAUSE
(ouaï)

POURQUOI?/PARCE QUE

WIN (TO)/LOSE (TO)
(tou ouin'/tou lou:z)

GAGNER/PERDRE

WIND
(ouin'd')

VENT

WINDOW
(ouin'do:)

FENÊTRE

WITH
(ouith)

AVEC

WITHOUT
(ouidhaout)

SANS

WOLF
(woulf)

LOUP

WOMAN
(woumen')

FEMME

WOOD
(woud)

FORÊT

WOOD
(woud)

BOIS

WOOL
(woul)

LAINE

WORD
(ouer'd')

MOT

WORK (TO)
(tou ouer'k')

TRAVAILLER

WORLD
(ouerld)

MONDE

WRITE (TO)
(tou raït)

ÉCRIRE

X

XYLOPHONE
(zaïlefo:n')

XYLOPHONE

X-RAY
(èks'-ré:)

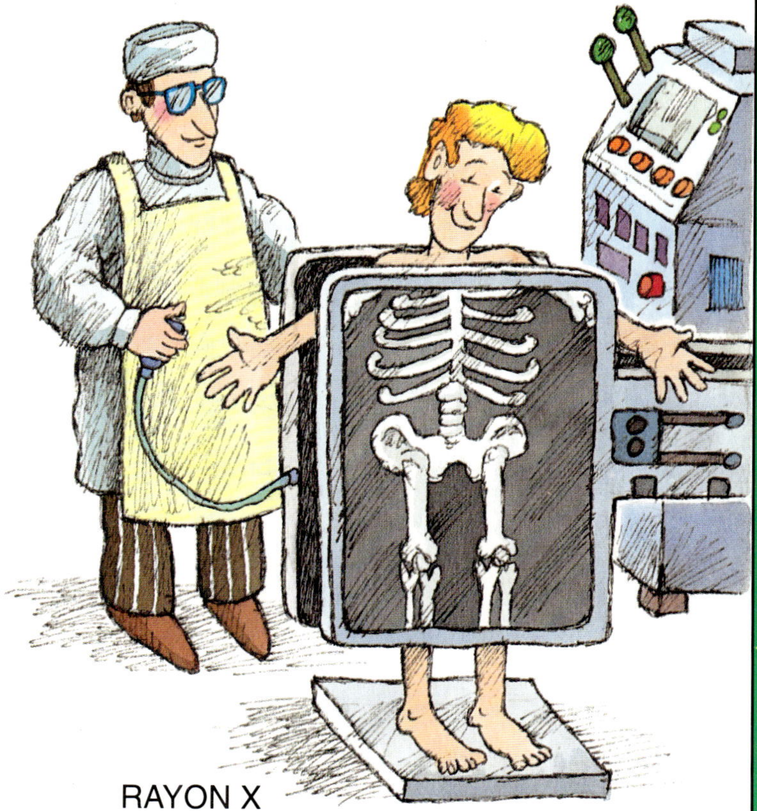

RAYON X

Y

YES
(yès')

OUI

YESTERDAY
(yèster'dé:)

HIER

YOUNG
(yegn)

JEUNE

Z

ZEBRA CROSSING
(zèbre krossign)

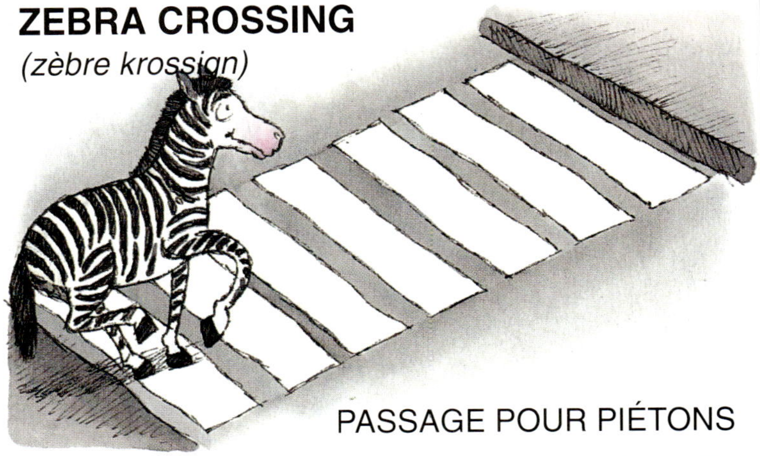

PASSAGE POUR PIÉTONS

ZERO
(zi:ro)

ZÉRO

ZIGZAG
(zigzag)

ZIGZAG

ZIPPER
(ziper')

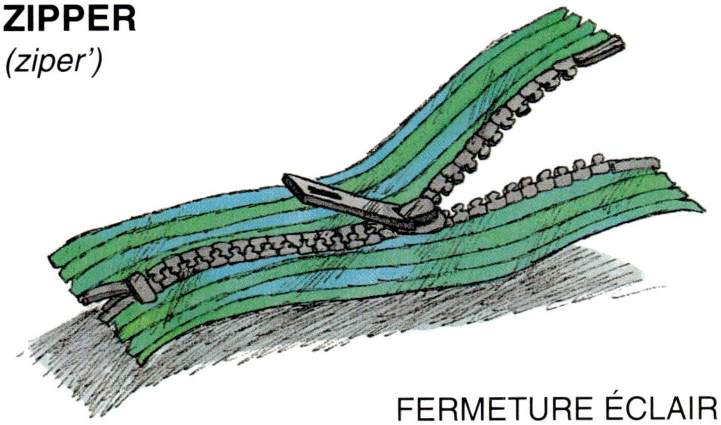

FERMETURE ÉCLAIR

ZODIAC
(zo:di:ak)

ZODIAQUE

ZOO
(zou:)

ZOO

INDEX

Français	Anglais	Prononciation	Page

Français	Anglais	Prononciation	Page
BAGUE	RING	(rign)	93
BAIN (PRENDRE UN)	BATH (TO TAKE A)	(tou té:k é bath)	16
BALAI	BROOM	(brou:m)	22
BALANCE	SCALE	(ské:l)	96
BALCON	BALCONY	(balkeni:)	59
BALEINE	WHALE	(oué:l)	13
BALLON	BALL	(bol)	15
BALLON GONFLÉ	BALLOON	(beloun')	15
BANANE	BANANA	(benane)	49
BANC	THWART	(thouort')	19
BANQUE	BANK	(bègnk)	15
BARBE	BEARD	(bird')	16
BARRE DE DIRECTION	TILLER	(tiler')	19
BARRETTE	BARRETTE	(bârèt)	29
BASEBALL	BASEBALL	(bé:ssbol)	104
BASILIC	BASIL	(bazel)	103
BASKET-BALL/ BALLON-PANIER	BASKETBALL	(baskitbol)	104
BÂTON	STICK	(stik)	107
BATTERIE	DRUMS	(dremz)	74
BEAU	BEAUTIFUL	(byou:tifel)	16
BEAU	HANDSOME	(hèn'ssem)	55
BEAUCOUP	MANY	(mèni:)	69
BEAUCOUP	MUCH	(metch)	73
BÉBÉ	BABY	(bé:bi:)	44
BELGIQUE	BELGIUM	(bèldjem)	76
BÉQUILLE	KICKSTAND	(kikstan'd)	18
BEURRE	BUTTER	(beter')	22
BIBLIOTHÈQUE	BOOKCASE	(boukké:s')	59
BICYCLETTE	BICYCLE	(baïssikel)	18
BIEN	WELL	(ouèl)	122
BIENVENUE	WELCOME	(ouèlkem)	122
BIFTECK	STEAK	(sté:k)	37
BIJOU	JEWEL	(djou:el)	63
BISCUIT	BISCUIT	(bisket')	22
BISCUIT	COOKIE	(kouki:)	68
BLAGUE	JOKE	(djo:k)	63
BLANC	WHITE	(ouaït')	31
BLEU	BLUE	(blou:)	31
BLEUET	CORNFLOWER	(kornflaouer')	47

Français	Anglais	Prononciation	Page
BLEUETS/MYRTILLES	BLUEBERRIES	(bloubèriz)	49
BLOND	BLOND	(blon'd')	19
BOCAL	JAR	(djâr)	63
BOIRE	DRINK (TO)	(tou drignk)	39
BOIS	WOOD	(woud)	124
BOISSON DOUCE	SOFT DRINK	(soft drignk)	68
BOÎTE	BOX	(boks')	21
BOÎTE À GANTS	GLOVE COMPARTMENT	(glev kem'pârtmen't')	25
BON	GOOD	(goud)	53
BONBON	SWEET	(soui:t)	108
BONJOUR/AU REVOIR	HELLO/GOODBYE	(helo:/goudbaï)	57
BOTTE	BOOT	(bou:t')	29
BOUCHE	MOUTH	(maou:th)	20
BOUCHER	BUTCHER	(bou:tcher')	86
BOUCLE-D'OREILLES	EARRING	(irign)	29
BOUGIE	CANDLE	(kan'del)	24
BOULANGERIE	BAKERY	(bé:keri:)	15
BOURRELET DE DÉFENSE	BUMPER/FENDER	(bemper'/fèn'der')	19
BOUTEILLE	BOTTLE	(botel)	21
BOUTON	BUTTON	(beten')	23
BRAS	ARM	(ârm)	20
BRÉSIL	BRAZIL	(brezil)	76
BRILLANT	BRIGHT	(braït')	22
BROCOLI	BROCCOLI	(brâkeli:)	117
BROSSE	BRUSH	(brech)	22
BROSSE À CHEVEUX	HAIRBRUSH	(hèrbrech)	55
BROUILLARD	FOG	(fog)	47
BRUIT	NOISE	(noïz)	78
BRÛLER	BURN (TO)	(tou bern)	23
BRUN	BROWN	(braou:n')	31
BUREAU	DESK	(dèsk)	36
BUREAU	OFFICE	(âfes')	81

C

Français	Anglais	Prononciation	Page
CACHER (SE)	HIDE (TO)	(tou haïd)	57
CADEAU	GIFT	(guift)	51
CADEAU	PRESENT	(prèzen't')	85
CADENAS	LOCK	(lok)	18
CADRE	FRAME	(fré:m)	18
CAFÉ	COFFEE	(kofi')	22
CAHIER D'EXERCICES	EXERCISE BOOK	(èkserssaïz bouk)	42
CAILLE	QUAIL	(koué:l)	89

Français	Anglais	Prononciation	Page
CALCULATRICE	CALCULATOR	(kalkyelé:ter')	24
CALENDRIER	CALENDAR	(kalen'der')	24
CALME	CALM	(kâm)	24
CALME	QUIET	(kouaïet)	90
CAMION DE POMPIER	FIRE ENGINE	(fayer èndjen')	46
CAMPAGNE	COUNTRY	(kentri:)	32
CANADA	CANADA	(kanede)	77
CANARD	DUCK	(dek)	39
CANOT	BOAT	(bo:t)	19
CAPOT	HOOD/BONNET	(houd/bânet')	25
CAROTTE	CARROT	(karet')	117
CARQUOIS	QUIVER	(kouiver')	90
CARRÉ	SQUARE	(skouèr')	98
CARTE	MAP	(map)	70
CARTES À JOUER	CARDS	(kârdz)	26
CASQUE	HELMET	(hèlmet')	57
CASQUETTE	CAP	(kap)	29
CASSE-TÊTE/PUZZLE	PUZZLE	(pezel)	88
CECI/CE	THESE	(dhi:z)	111
CECI/CE	THIS	(dhiss')	112
CEINTURE	BELT	(bèlt')	29
CEINTURE DE SÉCURITÉ	SEATBELT	(si:t bèlt')	25
CELA/ÇA	THAT	(dhat)	111
CÉLÈBRE	FAMOUS	(fé:mes')	45
CÉLÉBRER	CELEBRATE (TO)	(tou sèlebré:t')	27
CÉLERI	CELERY	(sèleri:)	117
CENT	ONE HUNDRED	(ouen' hen'dred)	80
CENTIMÈTRE	CENTIMETER	(sèntemi:ter')	27
CENTRE	CENTER	(sènter')	27
CEPENDANT	HOWEVER	(haouèver')	60
CERCLE	CIRCLE	(serkel')	98
CÉRÉALES	CEREAL	(siriel)	22
CERISE	CHERRY	(tchèri:)	49
CERVEAU	BRAIN	(bré:n')	21
CEUX/CELLES	THOSE	(dho:z)	112
CHAÎNE	CHAIN	(tché:n')	18
CHAISE	CHAIR	(tchèr')	59
CHALEUR	HEAT	(hi:t')	56
CHAMBRE À COUCHER	BEDROOM	(bèdrou:m)	59
CHAMBRE D'AMI	GUEST ROOM	(guès't' rou:m)	59
CHAMBRE LIBRE	VACANCY	(vé:ken'si:)	116
CHAMPIGNON	MUSHROOM	(mechrou:m)	117
CHANCEUX	LUCKY	(leki)	68
CHANGER	CHANGE (TO)	(tou tché:n'dj)	27
CHANSON	SONG	(sogn)	102
CHANTEUSE	SINGER	(signer')	86
CHAPEAU	HAT	(hat')	29
CHAQUE	EACH	(i:tch)	40
CHASSEUR	HUNTER	(hen'ter')	60
CHAT	CAT	(kat')	12
CHÂTAIGNE	CHESTNUT	(tchèsnet')	27
CHÂTEAU	CASTLE	(kassel)	26
CHAUD	HOT	(hât')	58
CHAUFFAGE	HEATING	(hi:tign)	25
CHAUSSETTE	SOCK	(sâk)	29
CHAUSSURE	SHOE	(chou:)	29
CHAUSSURES DE SPORT	TENNIS SHOES	(tènes' chou:z)	29
CHEF D'ORCHESTRE	MUSIC CONDUCTOR	(myouzik ken'dekter')	86
CHEF DE GARE	STATIONMASTER	(stéchen'master')	106
CHEMINÉE	CHIMNEY	(tchimni:)	59
CHEMISE	SHIRT	(chert')	29
CHEMISIER	BLOUSE	(blaou:z)	29
CHÊNE	OAK	(o:k)	81
CHENILLE	CATERPILLAR	(katepiler')	26
CHÈQUE	CHECK	(tchèk)	27
CHÉRI	DEAR	(dir)	36
CHEVAL	HORSE	(hor'ss)	13
CHEVEU	HAIR	(hèr)	20
CHEVILLE	ANKLE	(ègnkel)	20
CHIEN	DOG	(dog)	12
CHIFFRES	NUMBERS	(nemberz)	80
CHINE	CHINA	(tchaïne)	77
CHOCOLAT	CHOCOLATE	(tchâklet')	28
CIEL	SKY	(skaï)	100
CIEUX	HEAVEN	(hèven')	56
CINÉMA	CINEMA	(sineme)	28
CINQ	FIVE	(faïv)	80
CINQUIÈME	FIFTH	(fifth)	80
CIRQUE	CIRCUS	(serkes')	28
CISEAUX	SCISSORS	(sizer'z)	96
CITRON	LEMON	(lèmen')	49
CITROUILLE	PUMPKIN	(pemken')	117
CLASSE	CLASSROOM	(klasrou:m)	28
CLÉ	KEY	(ki:)	64
CLIENT	CUSTOMER	(kestemer')	33
CLIGNOTANT	INDICATOR	(in'deké:ter')	25
CLOCHETTE	BELL	(bèl)	18
CLÔTURE	FENCE	(fèn's')	59
CLÔTURE	GATE	(gué:t)	50
CLOU	NAIL	(né:l)	75
CLOWN	CLOWN	(klaou:n')	30
COCCINELLE	LADYBUG	(lé:di:beg)	65
COCHON	PIG	(pig)	12
CŒUR	HEART	(hârt')	56
COFFRE	TRUNK/BOOT	(tregnk/bou:t')	25-59
COFFRE-FORT	SAFE	(sé:f)	95
COGNER/FRAPPER	KNOCK (TO)	(tou nâk)	64
COIFFEUR	BARBER	(bârber')	86
COLLANTS	STOCKINGS	(stâkignz)	29
COLLÈGE/LYCÉE	COLLEGE	(kâlidj)	30
COLONNE VERTÉBRALE	SPINE	(spaïn')	103
COMBIEN?	HOW MANY?	(haou: mèni:?)	60
COMBIEN?	HOW MUCH?	(haou: metch?)	60
COMMANDER	ORDER (TO)	(tou order')	82
COMMENT	HOW	(haou:)	60
COMMENT ALLEZ-VOUS?	HOW ARE YOU?	(haou: âr'you?)	60
COMPÉTITION	COMPETITION	(kâmpetichen)	31
COMPRENDRE	UNDERSTAND (TO)	(tou en'der'stand)	115
COMPTER	COUNT (TO)	(tou kaou:n't')	32

Français	Anglais	Prononciation	Page
COMPTOIR DE VENTE DES BILLETS	TICKET COUNTER	(tiket' kaoun'ter')	9
CONCERT	CONCERT	(kân'sser't')	32
CONCOMBRE	CUCUMBER	(kyoukember')	117
CONDUIRE	DRIVE (TO)	(tou draïv)	39
CÔNE	CONE	(ko:n')	98
CONFITURE	JAM	(djam)	22
CONSIGNE	CHECKROOM	(tchèkrou:m)	106
CONSTRUIRE	BUILD (TO)	(tou bild)	23
CONTENT	GLAD	(glad')	52
CONTRE	AGAINST	(egènst)	8
CONTREBASSE	BASS	(bés')	74
CONTRÔLE DE SÉCURITÉ	SECURITY CHECK	(sikyureti: tchèk)	9
CONTRÔLE DES PASSEPORTS	PASSPORT CONTROL	(paspo:rt' ken'tro:l	9
CONTRÔLEUR (DE TICKET)	CONDUCTOR/ TICKET CONLLECTOR	(ken'dekter'/ tiket' kelekter')	106
CONVERSATION	CONVERSATION	(kân'verssé:chen')	32
COPIER	COPY (TO)	(tou kâpi:)	32
COQ	COCK	(kâk)	30
COQ	ROOSTER	(rouster')	12
COQUE	HULL	(hel)	19
COQUELICOT	POPPY	(pâpi:)	47
COQUILLAGE	SHELL	(chèl)	98
CORDE	ROPE	(ro:p)	94
CORPS	BODY	(bodi:)	20
COSTUME	COSTUME	(kâstou:m)	32
COU	NECK	(nèk)	20
COUCHER DU SOLEIL	SUNSET	(sen'sèt')	35
COUDE	ELBOW	(èlbo:)	20
COULEURS	COLORS	(kelerz)	31
COUPE-VENT	WINDBREAKER	(ouin'dbré:ker')	29
COUPER	CUT (TO)	(tou ket')	33
COUR	YARD	(yârd')	59
COURGETTE	ZUCCHINI	(zouki:ni:)	117
COURIR	RUN (TO)	(tou ren')	94
COURIR APRÈS	RUN AFTER (TO)	(tou ren' after')	94
COURIR ÇA ET LÀ	RUN AROUND (TO)	(tou ren' eraoun'd')	94
COURIR VERS	RUN TO (TO)	(tou ren' tou:)	94
COURRIER/POSTE	MAIL	(mé:l)	69
COURSE	RACE	(ré:s')	91
COURSE	RUNNING	(renign)	105
COURT	SHORT	(chort')	99
COURT DE TENNIS/ TERRAIN DE TENNIS	TENNIS COURT	(tènes' ko:rt)	110
COUSINS	COUSINS	(kezen'z)	44
COUTEAU	KNIFE	(naïf)	64
COUVERTURE	BLANKET	(blègnket')	18
COUVERTURE PIQUÉE	QUILT	(kouilt')	90
COW-BOY	COWBOY	(kaou:boï)	33
CRAVATE	TIE	(taï)	29
CRAYON	PENCIL	(pèn'ssel)	84
CRICKET	CRICKET	(kriket')	104
CRIER	SHOUT (TO)	(tou chaou:t')	99
CROISSANT	CROISSANT	(krossan't')	22

Français	Anglais	Prononciation	Page
CUBE	CUBE	(kyoub)	98
CUILLÈRE	SPOON	(spou:n')	103
CUISINE	KITCHEN	(kitchen')	59
CUISINER	COOK (TO)	(tou kouk)	32
CUISINIÈRE	COOK	(kouk)	86
CUISSE	THIGH	(thaï)	20
CYCLISME	CYCLING	(saïklign)	104
CYLINDRE	CYLINDER	(silen'der')	98

D

Français	Anglais	Prononciation	Page
DANEMARK	DENMARK	(dèn'mârk)	77
DANGER	DANGER	(dé:ndjer')	34
DANS	IN	(in')	61
DANSER	DANCE (TO)	(tou dan's')	34
DATE	DATE	(dé:t')	34
DATTE	DATE	(dé:t)	49
DAUPHIN	DOLPHIN	(dâlfen')	38
DE	FROM	(frem)	48
DE	OF	(ev)	81
DÉCEMBRE	DECEMBER	(dissèmber')	72
DÉCIDER	DECIDE (TO)	(tou dissaïd)	36
DEDANS	INSIDE	(in'ssaïd)	62
DEHORS	OUT	(aou:t')	82
DEMAIN	TOMORROW	(temâro:)	113
DEMANDER	ASK (TO)	(tou ask)	14
DENTIFRICE/ BROSSE À DENTS	TOOTH (-PASTE/ -BRUSH)	(touth-pést'/brâch)	113
DENTISTE	DENTIST	(dèn'tes't')	86
DÉPARTS	DEPARTURES	(diportcher'z)	9
DÉPENSER	SPEND (TO)	(tou spèn'd')	102
DÉPLACER	MOVE (TO)	(tou mou:v)	73
DERRIÈRE	BEHIND	(bihaïn'd)	17
DERRIÈRE	BOTTOM	(botem)	20
DESCENDRE	GET DOWN (TO)	(tou guèt' daou:n')	51

Français	Anglais	Prononciation	Page
DESCENDRE	GO DOWN (TO)	(tou go: daou:n')	52
DESCENDRE	GET OFF (TO)	(tou guèt' of)	51
DÉSERT	DESERT	(dèzert)	36
DÉSOLÉ!	SORRY!	(sâri:)	102
DÉSORDRE	MESS	(mès')	71
DESSERT	DESSERT	(dizert)	37
DESSIN	DRAWING	(droign)	39
DESSINS ANIMÉS	CARTOONS	(kârtou:n'ss)	26
DESSOUS	BELOW	(bilo:)	17
DÉTENDRE (SE)	RELAX (TO)	(tou rilaks')	92
DEUX	TWO	(tou:)	80
DEUXIÈME	SECOND	(sèken'd')	80
DEVANT	IN FRONT OF	(in' fren't' ev)	62
DEVENIR	BECOME (TO)	(tou bikem)	16
DEVINER	GUESS (TO)	(tou guès')	54
DIFFÉRENT	DIFFERENT	(difern't')	36
DIFFICILE	DIFFICULT	(difikelt)	36
DIMANCHE	SUNDAY	(sen'dé:)	121

Français	Anglais	Prononciation	Page
DINOSAURE	DINOSAUR	(daïnesor')	38
DINDE	TURKEY	(terki:)	37
DINDON	TURKEY	(terki:)	114
DIRE	SAY (TO)	(tou sé:)	96
DIRECTION	DIRECTION	(derèkchen')	38
DISCUTER	DISCUSS (TO)	(tou diskess)	38
DISPUTER (SE)	QUARREL (TO)	(tou kouore'l)	89
DISQUE	RECORD	(rèker'd)	91
DIVAN	SOFA	(so:fe)	59
DIX	TEN	(tèn')	80
DIXIÈME	TENTH	(tèn'th)	80
DOCTEUR	DOCTOR	(dâkter')	86
DOIGT	FINGER	(fignger')	20
DONNER	GIVE (TO)	(tou guiv')	52
DORMIR	SLEEP (TO)	(tou sli:p)	100
DOS	BACK	(bak)	20
DOUANES	CUSTOMS	(kestems')	9
DOUCEMENT	GENTLY	(djèn'tli:)	50
DOUCHE	SHOWER	(chaouer')	99
DRAPEAU	FLAG	(flag)	46
DROITE	RIGHT	(raït')	93
DUR	HARD	(hârd')	55

E

Français	Anglais	Prononciation	Page
EAU	WATER	(ouâter')	37-120
ÉCHELLE	LADDER	(lader')	65
ÉCHO	ECHO	(èko:)	41
ÉCOLE	SCHOOL	(skou:l)	96
ÉCOUTER	LISTEN (TO)	(tou lissen')	67
ÉCRASER	RUN OVER (TO)	(tou ren' over')	94
ÉCRIRE	WRITE (TO)	(tou raït)	124
ÉCRIVAIN	WRITER	(raïter')	87
ÉCUREUIL	SQUIRREL	(skouerel')	106
ÉGAL	EQUAL	(i:kouel)	42
ÉGLISE	CHURCH	(tchertch)	28
ÉGYPTE	EGYPT	(i:djept')	76
ÉLECTRICITÉ	ELECTRICITY	(ilèktrisseti:)	41
ÉLÉGANT	ELEGANT	(èligen't')	41
ÉLÉPHANT	ELEPHANT	(èlefen't')	13
ÉLÈVE	PUPIL	(pyoupel)	88
ÉLÈVE	STUDENT	(stouden't')	107
EMBRASSER	KISS (TO)	(tou kis')	64
EN BAS	DOWN	(daou:n')	39
EN BONNE SANTÉ	HEALTHY	(hèlthi:)	56
EN HAUT	UP	(ep)	115
ENCHANTÉ	HOW DO YOU DO?	(haou: dou you dou?)	60
ENCRE	INK	(ignk)	62
ENDORMI	ASLEEP	(esli:p)	14
ENFANT/ENFANTS	CHILD/CHILDREN	(tchaïld/tchildren')	28-44
ENFUIR (S')	RUN AWAY (TO)	(tou ren' eoué:)	94
ENJOLIVEUR DE ROUE	HUBCAP	(hebkap)	25
ENREGISTREMENT	CHECK-IN	(tchèk-in')	9
ENSEIGNANT	TEACHER	(ti:tcher')	87
ENSEIGNE	SIGN	(saïn')	99
ENSEMBLE	TOGETHER	(teguèther')	113
ENTENDRE	HEAR (TO)	(tou hir)	56
ENTRE	BETWEEN	(bitoui:n')	17
ENTRÉE	ENTRANCE	(èntren's')	41
ENTRÉE	HALL	(hol)	59
ENTRER	GO IN (TO)	(tou go: in')	52
ENVELOPPE	ENVELOPE	(ènvelo:p)	42
ENVOYER	SEND (TO)	(tou sèn'd')	97

Français	Anglais	Prononciation	Page
ÉPARGNER	SAVE (TO)	(tou sé:v)	95
ÉPAULE	SHOULDER	(cho:lder')	20
ÉPICERIE	GROCERIES	(gro:ssri:z)	54
ÉPICES ET FINES HERBES	SPICES & HERBS	(spaïsi:z en' erbz)	103
ÉPOUSE	WIFE	(ouaïf)	44
ÉQUITATION	RIDING	(raïdign)	104
ESCALIER	STAIRCASE	(stèrké:s')	59
ESCALIERS AUTOMOTEUR	PASSENGERS STAIRS	(pasendjer' stèrz')	10
ESCARGOT	SNAIL	(sné:l)	101
ESPAGNE	SPAIN	(spé:n)	76
ESSENCE	GASOLINE	(gasseli:n')	50
ESSUIE-GLACE	WIPER	(ouaïper')	25
EST	EAST	(i:st)	79
ET	AND	(en'd')	11
ÉTATS-UNIS	U.S.A. (United States of America)	(you. èss. é:/yunaïted' sté:ts ev emèreke)	77
ÉTÉ	SUMMER	(semer')	97
ÉTERNUER	SNEEZE (TO)	(tou sni:z)	101
ÉTOILE	STAR	(stâr)	106
ÊTRE	BE (TO)	(tou bi:)	16
ÉTROIT	NARROW	(naro:)	75
ÉTUDIER	STUDY (TO)	(tou stedi:)	107
EXAMEN	EXAM	(igzam)	42
EXERCICE	EXERCISE	(èkserssaïz)	42
EXPLIQUER	EXPLAIN (TO)	(tou iksplé:n')	42

F

Français	Anglais	Prononciation	Page
FABLE/CONTE	FABLE	(fé:bel)	43
FABRIQUER	MAKE (TO)	(tou mé:k)	69
FÂCHÉ	ANGRY	(agngri:)	11
FACILE	EASY	(i:zi:)	40
FACTEUR	LETTER CARRIER	(lèter' kari:er')	87
FAIRE	DO (TO)	(tou dou)	38
FAIRE DES COURSES	SHOP	(châp)	99
FAMILLE	FAMILY	(famli:)	44
FANTÔME	GHOST	(go:st)	51
FARCE	STUFFING	(stefign)	37
FATIGUÉ	TIRED	(tayer'd')	112
FAUTE	MISTAKE	(mesté:k)	71
FAUTEUIL	ARMCHAIR	(ârmtchè:r')	14
FAUX	FALSE	(fols')	43
FÉE	FAIRY	(fèri:)	43
FÉLICITATIONS!	CONGRATULATIONS!	(kengratchelé:chenz)	32
FEMELLE	FEMALE	(fi:mé:l)	46
FEMME	WOMAN	(woumen')	124
FENÊTRE	WINDOW	(ouin'do:)	59-123
FENTE	CRACK	(krak)	33
FERME	FARM	(fârm)	45
FERMETURE ÉCLAIR	ZIPPER	(ziper')	126
FERMIER	FARMER	(fârmer')	86
FÊTE	PARTY	(pârti:)	83
FEU	FIRE	(fayer')	46
FEUILLE	LEAF	(li:f)	66
FEUX DE CIRCULATION	TRAFFIC LIGHT	(trafik laït)	114
FÉVRIER	FEBRUARY	(fèbyouèri:)	72
FIER	PROUD	(praou:d')	88
FILLE	DAUGHTER	(doter')	44
FILLE	GIRL	(guer'l)	51
FILS	SON	(sen')	44
FIN	END	(ènd)	41
FINIR	FINISH (TO)	(tou finich)	46
FINLANDE	FINLAND	(fin'len'd')	76
FLÈCHE	ARROW	(aro:)	14
FLEURS	FLOWERS	(flaouer'z)	47
FLÛTE	FLUTE	(flou:t')	74
FOIRE	FAIR	(fèr)	43
FOND	BOTTOM	(botem)	21
FOOTBALL	AMERICAN FOOTBALL	(emèreken' foutbol)	104
FORÊT	FOREST	(fores't')	48
FORÊT	WOOD	(woud)	124
FORMES	SHAPES	(ché:ps)	98
FORT	STRONG	(strogn)	107
FOULARD/ÉCHARPE	SCARF	(skârf)	96
FOURCHETTE	FORK	(fork)	48
FOYER	FIREPLACE	(fayerplé:s')	59
FRAISE	STRAWBERRY	(strâberi:)	49
FRAMBOISE	RASPBERRY	(razbèri:)	49
FRANCE	FRANCE	(fran's)	76
FREIN	BRAKE	(bré:k)	18
FRÈRE	BROTHER	(bredher')	44
FRITES	FRENCH FRIES	(frèn'tch fraï)	68
FROID	COLD	(ko:ld')	30
FROMAGE	CHEESE	(tchi:z)	37
FRUITS	FRUIT	(frou:t')	49
FUMÉE	SMOKE	(smo:k)	101
FUSELAGE	FUSELAGE	(fyouzelâj)	10

Français	Anglais	Prononciation	Page

G

GAGNER	EARN (TO)	(tou ern)	40
GAGNER/PERDRE	WIN (TO)/LOSE (TO)	(tou ouin'/tou lou:z)	123
GANT	GLOVE	(glev)	29
GARAGE	GARAGE	(guerâj)	50
GARÇON	BOY	(boï)	21
GARDE-BOUE	FENDER	(fèn'der')	18
GARDÉNIA	GARDENIA	(gârdi:nye)	47
GARE	STATION	(sté:chen')	106
GÂTEAU	CAKE	(ké:k)	37
GAUCHE	LEFT	(lèft)	66
GÉANT	GIANT	(djaïen't')	51
GÉNÉRATRICE	DYNAMO	(daïnemo)	18

GENOU	KNEE	(ni:)	20
GENTIL	KIND	(kaïn'd')	64
GÉRANIUM	GERANIUM	(djeré:ni:em)	47
GIBIER	GAME	(gué:m)	37
GILET	VEST	(vèst)	29
GLACE	ICE	(aïs')	61
GLACE/CRÈME GLACÉE	ICE CREAM	(aïs kri:m)	37-61
GLACE/VITRE	WINDOW	(ouin'do:)	25
GOMME À EFFACER	RUBBER/ERASER	(reber'/iré:sser')	94
GORGE	THROAT	(thro:t)	112
GORILLE	GORILLA	(guerile)	12
GOUTTIÈRE	RAIN GUTTER	(ré:n' gueter')	59
GOUVERNAIL	RUDDER	(reder')	10-19
GRAMME	GRAM	(gram)	53
GRAND	TALL	(tol)	109
GRAND-MÈRE	GRANDMODHER	(gran'medher')	44
GRAND-PÈRE	GRANDFADHER	(gran'fâdher)	44
GRANDIR/CROÎTRE	GROW (TO)	(tou gro:)	54
GRANDS-PARENTS	GRANDPARENTS	(gran'paren't's')	44
GRANGE	BARN	(bârn)	16
GRATTE-CIEL	SKYSCRAPER	(skaïskré:per')	100
GRAVITÉ	GRAVITY	(graveti:)	53
GRÈCE	GREECE	(gri:s')	77
GRENIER	ATTIC	(atik)	59
GRENOUILLE	FROG	(frog)	13
GRIPPE	FLU	(flou:)	47
GROS	BIG	(big)	18
GROS	FAT	(fat')	45

Français	Anglais	Prononciation	Page
GROUPE	GROUP	(grou:p)	54
GUIDON	HANDLEBAR	(han'delbâr')	18
GUITARE	GUITAR	(guetâr)	54
GUITARE ÉLECTRIQUE	ELECTRIC GUITAR	(ilèktrik guetâr)	74
GYMNASTIQUE	GYMNASTICS	(djimnastiks')	54-104

H

HABITER	LIVE (TO)	(tou liv)	67
HALTÉROPHILIE	WEIGHT LIFTING	(oué:t liftign)	105
HAMBURGER	HAMBURGER	(ham'ber'guer')	68
HANCHE	HIP	(hip)	20
HANGAR	HANGAR	(hagnger')	10
HARICOTS SECS	BEANS	(bi:nz)	117
HARMONICA	HARMONICA	(hârmânike)	74
HARPE	HARP	(hârp)	74
HAUT	HIGH	(haï)	57
HÉLICE	PROPELLER	(prepèler')	19

HÉLICOPTÈRE	HELICOPTER	(hèlekâpter')	57
HERBE	GRASS	(gras')	53
HERBE	LAWN	(lon')	65
HEURE	TIME	(taïm)	112
HEUREUX	HAPPY	(hapi:)	55
HIBOU	OWL	(aou:l')	12

Français	Anglais	Prononciation	Page
HIER	YESTERDAY	(yèster'dé:)	125
HIVER	WINTER	(ouin'ter')	97
HOCKEY (SUR GLACE)	ICE HOCKEY	(aïs' hâki:)	104
HOMME	MAN	(mèn')	69
HÔPITAL	HOSPITAL	(hâspitel)	58
HORS-D'ŒUVRE	APPETIZER	(ape'taïzer')	37
HOT DOG/CHIEN CHAUD	HOT DOG	(hât dog)	68
HÔTEL	HOTEL	(ho:tèl)	58
HÔTESSE DE L'AIR	FLIGHT ATTENDANT	(flaït' etènden't')	10
HUBLOT	WINDOW	(ouin'do:)	10
HUIT	EIGHT	(éi:t')	80
HUITIÈME	EIGHTH	(éi:t'th)	80
HUÎTRE	OYSTER	(oïsster')	82

I

Français	Anglais	Prononciation	Page
ICI	HERE	(hir)	57
IDÉE	IDEA	(aïdi:e)	61
ÎLE	ISLAND	(aïlen'd')	62
IMPORTANT	IMPORTANT	(importen't')	61
INDE	INDIA	(in'di:e)	77
INDICATEUR DE VITESSE	SPEEDOMETER	(spidâmeter')	25
INDIQUER	POINT TO (TO)	(tou poin't' tou:)	85
INFIRMIER	NURSE	(nerss')	86
INSTRUMENTS DE MUSIQUE	MUSICAL INSTRUMENTS	(myouzikel in'stremen't's')	74
INTELLIGENT	SMART	(smârt')	101
INVITÉ	GUEST	(guès't')	54
IRLANDE	IRELAND	(aïrlen'd')	76
ISRAËL	ISRAEL	(izri:el)	76
ITALIE	ITALY	(iteli:)	76

J

Français	Anglais	Prononciation	Page
JAMAIS	NEVER	(nèver')	78
JAMBE	LEG	(lèg)	20

Français	Anglais	Prononciation	Page
JAMBON	HAM	(ham)	37
JANVIER	JANUARY	(djanyouèri:)	72
JAPON	JAPAN	(djepan')	77
JARDIN	GARDEN	(gârden')	50
JAUNE	YELLOW	(yèlo:)	31
JEAN	JEANS	(dji:n'z)	29
JEU	GAME	(gué:m)	50
JEUDI	THURSDAY	(therzdé:)	121
JEUNE	YOUNG	(yegn)	125
JONQUILLE	DAFFODIL	(dafedil)	47
JOUER	PLAY (TO)	(tou plé:)	84-85
JOUET	TOY	(toï)	113
JOUR	DAY	(dé:)	35
JOUR DE LA SAINT-VALENTIN	VALENTINE'S DAY	(valentaïnz dé:)	116
JOURNAL	NEWSPAPER	(niou:zpé:per')	78
JOURNAL QUOTIDIEN	DAILY	(dé:li:)	34
JUGE	JUDGE	(djedj)	63
JUIN	JUNE	(djou:n')	72
JUILLET	JULY	(djoulaï)	72
JUMEAUX	TWINS	(touin'z)	114
JUPE	SKIRT	(skert')	29
JUS DE FRUITS	FRUIT JUICE	(frou:t' djou:ss')	22

K

Français	Anglais	Prononciation	Page
KANGOUROU	KANGAROO	(kagngerou:)	13
KIWI	KIWI	(ki:oui:)	49
KLAXON	HORN	(horn)	25

L

Français	Anglais	Prononciation	Page
LÀ	THERE	(dhèr')	111
LAC	LAKE	(lé:k)	65
LAINE	WOOL	(wou:l)	124
LAIT	MILK	(milk)	22
LAITUE	LETTUCE	(lètes')	117
LAMPE	LAMP	(lèm'p')	65
LANGUE	TONGUE	(tegn)	113
LAPIN	RABBIT	(rabet')	13
LAVER	WASH (TO)	(tou ouoch)	120
LE/LA	THE	(dhe)	111
LEÇON	LESSON	(lèssen')	66
LÉGER	LIGHT	(laït)	67
LÉGUMES	VEGETABLES	(vèdjtebelss')	117
LENT	SLOW	(slo:)	100
LEQUEL/LAQUELLE?	WHICH?	(ouitch)	122
LETTRE	LETTER	(lèter')	66
LEVER (SE)	GET UP (TO)	(tou guèt' ep)	51
LEVER DU SOLEIL/ COUCHER DE SOLEIL	SUNRISE/ SUNSET	(sen'raïz/ sen'sèt')	35-108
LEVIER DE FREIN À MAIN	HAND BRAKE	(hèn'dbré:k)	25
LEVIER DE VITESSE	GEARSHIFT	(gir'chift)	18-25
LÈVRES	LIPS	(lips')	67
LIME/CITRON VERT	LIME	(laïm)	49

Français	Anglais	Prononciation	Page
LION	LION	(laïen')	13
LIRE	READ (TO)	(tou ri:d)	91
LIT	BED	(bèd)	17-59
LIVRE	BOOK	(bouk)	21
LIVRER	DELIVER (TO)	(tou diliver')	36
LOIN	FAR	(fâr)	45
LONG	LONG	(logn)	68
LOUP	WOLF	(woulf)	123
LOURD	HEAVY	(hèvi:)	56
LUNDI	MONDAY	(men'dé:)	121
LUNE	MOON	(mou:n')	73
LUNETTE ARRIÈRE	REAR WINDOW	(rir' ouin'do)	25
LUNETTES	GLASSES	(glassi:z)	52
LUMIÈRE	LIGHT	(laït)	67
LUMIÈRE DE FREIN	BRAKE LIGHT	(bré:k laït)	25
LYS	LILY	(lili:)	47

M

MACHINE À ÉCRIRE	TYPEWRITER	(taïpraïter')	114
MACHINE À LAVER	WASHING MACHINE	(ouochign mechi:n')	120
MÂCHOIRE	JAW	(djâ)	63
MAGICIEN	MAGICIAN	(medjichen')	69
MAI	MAY	(mé:)	72
MAIN	HAND	(hèn'd)	20

MAINTENANT	NOW	(naou:)	79
MAIS	BUT	(bet')	23
MAÏS	CORN	(korn')	117
MAISON	HOME	(ho:m)	58
MAISON	HOUSE	(haou:s')	59
MAL DE TÊTE	HEADACHE	(hèdé:k)	56
MALADE	ILL	(il)	61
MALADE	SICK	(sik)	99
MÂLE	MALE	(mé:l)	69
MALHEUREUX	UNHAPPY	(en'hapi:)	115
MANCHE À AIR	WINDSOCK	(ouin'dsok)	10
MANETTE DE CLIGNOTANT	INDICATOR SWITCH	(in'deké:ter' souïtch)	25

Français	Anglais	Prononciation	Page
MANGER	EAT (TO)	(tou i:t)	40
MANIVELLE DE LÈVE-GLACE	WINDOW HANDLE	(ouin'do: hèn'del)	25
MANTEAU	COAT	(ko:t')	29
MARCHÉ	MARKET	(mârket')	70
MARCHER	WALK (TO)	(tou ouok)	119
MARDI	TUESDAY	(tiou:zdé:)	121
MARGUERITE	DAISY	(dé:zi:)	47
MARI	HUSBAND	(hezben'd)	44
MARIAGE	MARRIAGE	(maridj)	70
MARIN	SAILOR	(sé:ler')	87
MARS	MARCH	(mârtch)	72
MARTEAU	HAMMER	(hamer')	55
MATHÉMATIQUE	MATH	(math)	70
MATIN	MORNING	(mornign)	35
MÉCHANT/MAUVAIS	BAD	(bad)	15
MÉDICAMENT	MEDICINE	(mèdessen')	70
MELON	MELON	(mèlen')	49
MELON D'EAU	WATER MELON	(ouâter' mèlen')	49
MÊME	SAME	(sé:m)	95
MENSONGE	LIE	(laï)	66
MENTHE	MINT	(min't')	103
MENTON	CHIN	(tchin')	20
MENU	MENU	(mènyou)	71
MENUISIER	CARPENTER	(kârpen'ter')	87
MER	SEA	(si:)	96
MERCI	THANK YOU	(thègn kyou)	110
MERCREDI	WEDNESDAY	(ouen'zdé:)	121
MÈRE	MOTHER	(medher)	44
MESSAGE	MESSAGE	(mèssidj)	71

MEXIQUE	MEXICO	(mèkssiko:)	77
MIDI	NOON	(nou:n')	35
MILLE	ONE THOUSAND	(ouen' thaou:zen')	80
MINCE	THIN	(thin')	111
MINUIT	MIDNIGHT	(midnaït')	35
MINUTE	MINUTE	(minet')	71
MIROIR	MIRROR	(mirer')	71
MOIS	MONTHS	(men'ths)	72
MOITIÉ	HALF	(haf)	55
MOLLET	CALF	(kaf)	20
MONDE	WORLD	(ouerld)	124
MONNAIE	CHANGE	(tché:n'dj)	27

Français	Anglais	Prononciation	Page
MONTAGNE	MOUNTAIN	(maounten’)	73
MONTER	GET IN (TO)	(tou guèt’ in’)	51
MONTER	GET ON (TO)	(tou guèt’ on’)	51
MONTER	GO IN (TO)	(tou go in’)	52
MONTER	GO UP (TO)	(tou go ep)	52
MONTRE	WATCH	(ouâtch)	120
MORT	DEAD	(dèd’)	36
MOT	WORD	(ouer’d’)	124
MOTEUR	ENGINE	(èn’djen’)	10-25
MOTEUR	MOTOR	(mo:ter’)	19
MOTO	MOTORCYCLE	(mo:ter’ssaïkel)	73
MOTO-CROSS	MOTOCROSS	(mo:to:kros’)	73
MOU	SOFT	(soft)	102
MOUCHOIR	HANDKERCHIEF	(hègnkertchi:f)	29
MOUILLÉ	WET	(ouèt’)	122
MOUSTIQUE	MOSQUITO	(meski:to:)	73
MOUTON	SHEEP	(chi:p)	13
MUR	WALL	(ouol)	59-119
MÛRE	BLACKBERRY	(blakbèri:)	49
MUSCLE	MUSCLE	(messel)	74
MUSÉE	MUSEUM	(myuzi:em)	74
MUSICIEN	MUSICIAN	(myouzichen’)	86

N

Français	Anglais	Prononciation	Page
NAGER	SWIM (TO)	(tou souim)	108
NAPPE	TABLECLOTH	(té:belkloth)	109
NARCISSE	NARCISSUS	(nârssissess’)	47
NATATION	SWIMMING	(swimign)	105
NAVIRE	SHIP	(chip)	98
NEIGE	SNOW	(sno:)	101
NEUF	NINE	(naïn’)	80
NEUVIÈME	NINTH	(naïn’th)	80
NEVEU/NIÈCE	NEPHEW/NIECE	(nèfyou:/ni:s’)	44
NEZ	NOSE	(no:z)	10-20
NOIR	BLACK	(blak)	31
NOIX DE COCO	COCONUT	(ko:kenet’)	30-49
NOM	NAME	(né:m)	75
NOM DE FAMILLE	SURNAME	(serné:m)	108
NON	NO	(no:)	78
NORD	NORTH	(north)	79
NORD-EST	NORTH-EAST	(northi:st)	79
NORD-OUEST	NORTH-WEST	(north ouèst)	79
NORVÈGE	NORWAY	(noroué:)	77
NOURRITURE	FOOD	(fou:d)	48
NOUVEAU	NEW	(niou:)	78
NOVEMBRE	NOVEMBER	(no:vèmber’)	72
NU	BARE	(bèr’)	15
NUAGE	CLOUD	(klaou:d’)	30
NUIT	NIGHT	(naït’)	35

O

Français	Anglais	Prononciation	Page
OBSCURITÉ	DARK	(dârk)	34
OBTENIR	GET (TO)	(tou guèt’)	51
OCCUPÉ (ÊTRE)	BUSY (TO BE)	(tou bi bizi:)	23
OCÉAN	OCEAN	(o:chen’)	81
OCTOBRE	OCTOBER	(âkto:ber’)	72
ŒIL	EYE	(aï)	20
ŒILLET	CARNATION	(kârné:chen)	47
ŒUF	EGG	(èg)	22
OFFICIER DE POLICE	POLICE OFFICER	(peli:s’ âfesser’)	87
OIGNON	ONION	(en’yen’)	117
OISEAU	BIRD	(berd’)	12
OLIVES	OLIVES	(âlivz)	37
ONCLE	UNCLE	(egnkel)	44
ONGLE	NAIL (TOE/FINGER)	(né:l - to:/fignger’)	75
OPPOSÉ	OPPOSITE	(âpezet’)	82
OR	GOLD	(go:ld)	53
ORANGE	ORANGE	(ârindj)	31-49
ORDINATEUR	COMPUTER	(kempyou:ter’)	31
OREILLE	EAR	(i:r)	20
OREILLER	PILLOW	(pilo:)	59
ORIGAN	OREGANO	(erègueno:)	103
ORTEIL	TOE	(to:)	20
OS	BONE	(bo:n’)	21
OU	OR	(or)	82
OU?	WHERE?	(ouèr’)	122
OUBLIER	FORGET (TO)	(tou fergèt’)	48
OUEST	WEST	(ouèst)	79
OUI	YES	(yès’)	125
OURAGAN	HURRICANE	(hereké:n’)	60
OURS	BEAR	(bèr’)	12
OUVERT/FERMÉ	OPEN/CLOSED	(o:pen’/klo:zd)	82

P

Français	Anglais	Prononciation	Page
PAGE	PAGE	(pé:dj)	83
PAIN	BREAD	(brèd)	37
PAIN GRILLÉ	TOAST	(to:st’)	22
PAMPLEMOUSSE	GRAPEFRUIT	(gré:pfrou:t)	49
PANIER	BASKET	(basket’)	16
PANTALON	PANTS/TROUSERS	(pan’t’/traouzerz)	29
PAPIER	PAPER	(péper’)	83
PAPILLON	BUTTERFLY	(beterflaï)	23

Français	Anglais	Prononciation	Page
PARACHUTE	PARACHUTE	(parechou:t')	83
PARAPLUIE	UMBRELLA	(embrèle)	115
PARC	PARK	(pârk)	83
PARDESSUS	OVERCOAT	(o:verko:t')	29
PARE-BRISE	WINDSHIELD/ WINDSCREEN	(ouin'dshi:ld/ ouin'dskri:n')	25
PARE-CHOCS	BUMPER	(bemper')	25
PARENTS	PARENTS	(paren't's')	44
PARENTS/FAMILLE	RELATIVES	(rèletivz)	92
PARESSEUX	LAZY	(lé:zi:)	66
PARLER	SPEAK (TO)	(tou spi:k)	102
PARTIR	LEAVE (TO)	(tou li:v)	66
PASSAGE POUR PIÉTONS	ZEBRA CROSSING	(zèbre krossign)	126
PASSEPORT	PASSPORT	(pas'po:r't')	83
PASTÈQUE	WATER MELON	(ouâter' mèlen')	49
PÂTÉ DE MAISONS	BLOCK	(blok)	19
PATÈRE	COAT TREE	(ko:t tri:)	59
PÂTES	PASTA	(pâste)	68
PATINAGE (SUR GLACE)	ICE SKATING	(aïs' ské:tign)	104
PATINER	SKATE (TO)	(tou ské:t')	100
PATRON	BOSS	(bos')	21
PAYS	NATION	(né:chen')	75
PAYS-BAS	NETHERLANDS	(nèther'len'z)	77
PAYS ET DRAPEAUX	NATIONS & FLAGS	(né:chenz en' flagz)	76
PAYSAGE	SCENERY	(sé:neri:)	96
PEAU	SKIN	(skin')	100
PÊCHE	PEACH	(pi:tch)	49
PÊCHEUR	FISHERMAN	(ficher'men')	87
PÉDALE	PEDAL	(pèdel)	18
PÉDALE D'ACCÉLÉRATEUR	ACCELERATOR	(eksèleré:ter')	25
PÉDALE D'EMBRAYAGE/ DE DÉBRAYAGE	CLUTCH	(kletch)	25
PÉDALE DE FREIN	BRAKE	(bré:k)	25
PEIGNE	COMB	(ko:m)	31
PEINTRE	PAINTER	(pé:n'ter')	87
PELLICULE	FILM	(film)	46
PENSER/RÉFLÉCHIR	THINK (TO)	(tou thignk)	111
PERDRE/MANQUER	RUN OUT OF (TO)	(tou ren' aout' ev)	94
PÈRE	FATHER	(fâdher')	44
PERROQUET	PARROT	(paret')	83
PERSIL	PARSLEY	(pârsli:)	103
PERSONNE	NOBODY	(no:bedi:)	78
PETIT	LITTLE	(litel)	67
PETIT	SHORT	(chort')	99
PETIT	SMALL	(smol)	101
PETIT-DÉJEUNER	BREAKFAST	(brèkfest)	22
PETITS-ENFANTS	GRANDCHILDRENS	(gran'tchi:ldren)	44
PETITS PAINS	ROLLS	(ro:lss)	37
PETITS POIS	PEAS	(pi:z)	117
PÉTROLE	PETROLEUM	(petro:li:em')	84
PEUR (AVOIR)	AFRAID (TO BE)	(tou bi efré:d)	8
PHARE	HEADLIGHT	(hèdlaït')	25
PHARE	LIGHT	(laït')	18
PHARMACIEN	CHEMIST'S/PHARMACY	(kèmist)	27
PHOQUE	SEAL	(si:l)	96
PHOTOGRAPHIE	PHOTOGRAPH	(fo:tegraf)	84

Français	Anglais	Prononciation	Page
PIANO	PIANO	(pi:ano:)	74
PIÈCE DE MONNAIE	COIN	(koïn')	30
PIED	FOOT	(fout')	20
PILOTE	PILOT	(païlet')	10
PINGOUIN	PENGUIN	(pèngouen')	84
PISCINE	SWIMMING POOL	(souimign pou:l)	108
PISSENLIT	DANDELION	(dan'delaïen')	34
PIZZA	PIZZA	(pi:tse)	68

Français	Anglais	Prononciation	Page
PLACE	SQUARE	(skouèr')	106
PLAGE	BEACH	(bi:tch)	16
PLANCHER	FLOOR	(flo:r)	59
PLAQUE D'IMMATRICULATION	LICENCE/ NUMBER PLATE	(laïssen's'/ nember' plé:t')	25
PLEURER	CRY (TO)	(tou kraï)	33
PLOMBIER	PLUMBER	(plemer')	87
PLONGER	DIVE (TO)	(tou daïv)	38
PLUIE	RAIN	(ré:n')	91
PLUME	FEATHER	(fèdher')	45
PLUME	PEN	(pèn')	84
PLUME D'OIE	QUILL	(kouil)	90
PNEU	TIRE	(tayer')	18-25
POCHE	POCKET	(pâket')	85
POIGNÉE	DOOR HANDLE	(do:r' hèn'del)	25
POIGNET	WRIST	(rist)	20
POIRE	PEAR	(pèr)	49
POISSON	FISH	(fich)	37-46
POITRINE	CHEST	(tchèst)	20
POIVRE	PEPPER	(pèper')	103
POIVRON	BELL PEPPER	(bèl pèper')	117
POLLUTION	POLLUTION	(pelou:chen')	85
POMME	APPLE	(apel')	49

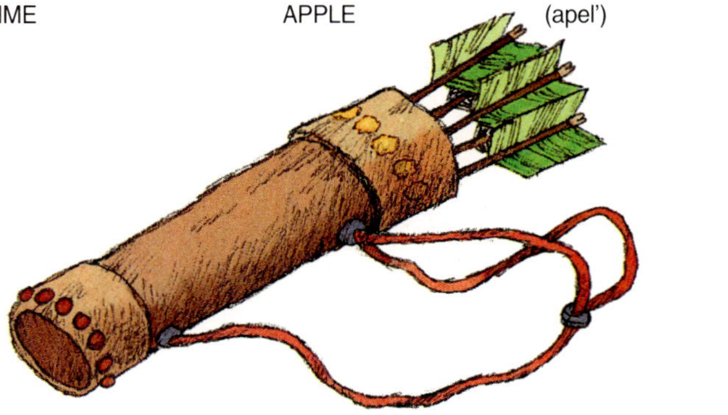

Français	Anglais	Prononciation	Page
POMME DE TERRE	POTATO	(peté:to:)	117
POMME GRENADE	POMEGRANATE	(pâmegranet)	49
POMPE	PUMP	(pemp)	18

Français	Anglais	Prononciation	Page
POMPIER	FIRE FIGHTER	(fayer' faïter')	87
PONT	BRIDGE	(bridj)	22
PORC	PORK	(po:rk)	37
PORT	PORT	(po:rt')	85
PORTE/PORTIÈRE	DOOR	(do:r')	25-39
PORTE	GATE	(gé:t')	9
PORTE-BAGAGES	CARRIER	(kari:er')	18
PORTE D'ENTRÉE	FRONT DOOR	(fren't' do:r)	59
PORTER	TAKE(TO)	(tou té:k)	109
PORTER	WEAR (TO)	(tou ouèr')	120
PORTEUR	PORTER	(po:rter')	106
PORTUGAL	PORTUGAL	(po:rtchiguel)	77
POSTE DE PILOTAGE	FLIGHT DECK	(flaït' dèk)	10
POUBELLE	GARBAGE	(gârbidj)	50
POUCE	INCH	(in'tch)	62
POUCE	THUMB	(them)	20-112
POULE	HEN	(hèn')	12
POULET	CHICKEN	(tchiken')	37
POUPÉE	DOLL	(dâl)	38
POURQUOI?/PARCE QUE	WHY?/BECAUSE	(ouaï)	123
POUSSER	PUSH (TO)	(tou pouch)	88
POUVOIR	CAN	(kan')	24
PRÉFÉRÉ	FAVORITE	(fé:vret')	45
PREMIER	FIRST	(fers't')	80
PRENDRE	TAKE (TO)	(tou té:k)	109
PRENDRE SOIN (DE)	CARE (TO TAKE... OF)	(tou té:k kèr' ev)	26
PRÈS	NEAR	(nir)	78
PRÉSENTER	INTRODUCE (TO)	(tou in'tredyouss')	62
PRINTEMPS	SPRING	(sprign)	97
PROBLÈME	PROBLEM	(prâblem)	85
PROFESSEUR	PROFESSOR	(prefèsser')	88
PROFESSIONS	PROFESSIONS	(prefèchen'z)	86
PROMETTRE	PROMISE (TO)	(tou prâmes')	88
PROPRE	CLEAN	(kli:n')	28
PRUNE	PLUM	(plem)	49
PULLOVER/CHANDAIL	SWEATER	(souèter')	29
PYRAMIDE	PYRAMID	(piremid)	88-98

Q

Français	Anglais	Prononciation	Page
QU'EST-CE QUE C'EST?	WHAT IS IT?	(ouât iz it')	122
QUALITÉ	QUALITY	(kouâleti:)	89
QUAND?	WHEN?	(ouèn')	122
QUANTITÉ	QUANTITY	(kouânteti:)	89
QUART	QUARTER	(kouoter')	89
QUATRE	FOUR	(fo:r)	80
QUATRIÈME	FOURTH	(fo:rth)	80
QUESTION	QUESTION	(kouèschen')	89
QUESTIONNER	QUIZ (TO)	(tou kouiz)	90
QUEUE	TAIL	(té:l)	10-109
QUEUE (FAIRE LA)	QUEUE	(kyou:)	90
QUI?	WHO?	(hou)	123

R

Français	Anglais	Prononciation	Page
RACONTER	TELL(TO)	(tou tèl)	110
RADAR	RADAR	(ré:dâr')	10
RADEAU	RAFT	(raft)	91
RADIO	RADIO	(rédi:o:)	25-91
RAGOÛT	STEW	(stou:)	37
RAISINS	GRAPES	(gré:ps')	49
RAME	OAR	(o:r')	19
RAPIDE	FAST	(fas't')	45
RAPIDE	QUICK	(kouik)	90
RASER (SE)	SHAVE (TO)	(tou ché:v)	98
RAYON X	X-RAY	(èks'-ré:)	125
RAYONS	SPOKES	(spo:ks')	18
RÉCHAUFFER	WARM (TO)	(tou ouorm)	119
RECTANGLE	RECTANGLE	(rèktagnguel')	98
RÉFLECTEUR	REFLECTOR	(riflèkter')	18
RÉFRIGÉRATEUR	REFRIGERATOR	(rifridjeré:ter')	92
REGARDER	LOOK AT (TO)	(tou louk at)	68
REINE	QUEEN	(koui:n')	89
RENARD	FOX	(fâks')	48
RENCONTRER	MEET (TO)	(tou mi:t')	71
RENCONTRER (PAR HASARD)	RUN ACROSS (TO)	(tou ren' ekros')	94
RENSEIGNEMENT/ INFORMATION	INFORMATION	(infermé:chen')	62

Français	Anglais	Prononciation	Page
RÉPARER	FIX (TO)	(tou fiks')	46
REPAS	DINNER	(diner')	37
REPAS	MEAL	(mi:l)	70
REPAS LÉGER	LUNCH	(len'tch)	68
RÉPÉTER	REPEAT (TO)	(tou ripi:t)	92
RÉPONSE	ANSWER	(an'sser')	14
REPOSER (SE)	REST (TO)	(tou rès't')	92
REQUIN	SHARK	(chârk)	98
RÉSERVOIR D'ESSENCE	FUEL TANK	(fyou:l tègnk)	25
RESTAURANT	RESTAURANT	(rèstren't')	92
RETRAIT DES BAGAGES	BAGGAGE CLAIM	(bagidj klé:m)	9
RÉTROVISEUR	REARVIEW MIRROR	(rirvyou mirer')	25
RÉTROVISEUR EXTÉRIEUR	SIDE MIRROR	(saïd mirer')	25
RÊVE	DREAM	(dri:m)	39
RÉVEILLÉ	AWAKE	(ewé:k)	14
RÉVEILLE-MATIN	ALARM CLOCK	(elârm klâk)	11
RÉVEILLER (SE)	WAKE UP (TO)	(tou oué:k ep)	119
REVUE	MAGAZINE	(maguezi:n')	69
RHINOCÉROS	RHINOCEROS	(raïnâsseres)	92
RHUME	COLD	(ko:ld')	30
RICHE	RICH	(ritch)	93
RIEN	NOTHING	(nethign)	79
RIRE	LAUGH (TO)	(tou laf)	65
RIVIÈRE	RIVER	(river')	93
RIZ	RICE	(raïs')	92
ROBE	DRESS	(drès')	29
ROBINET	FAUCET	(fosset')	45
ROBOT	ROBOT	(ro:bât')	93
ROCHER	ROCK	(râk)	93
ROI	KING	(kign)	64
ROMARIN	ROSEMARY	(ro:zmèri:)	103
ROSE	PINK	(pignk)	31
ROSE	ROSE	(ro:z)	47
RÔTI	ROAST BEEF	(ro:st bi:f)	37
RÔTI DE VEAU	VEAL ROAST	(vi:l ro:st)	37
ROUE	WHEEL	(houi:l)	18
ROUE DE SECOURS	SPARE TIRE	(spèr tayer')	25
ROUGE	RED	(rèd)	31
ROUGIR	BLUSH (TO)	(tou blesh)	19
ROULER	ROLL (TO)	(tou rol)	93
ROUTE	ROAD	(ro:d)	93
ROYAL	ROYAL	(roïl)	94
ROYAUME-UNI	UNITED KINGDOM	(yunaïted' kigndem)	77
RUE	STREET	(stri:t)	107
RUGBY	RUGBY	(regbi:)	105
RUSSIE	RUSSIA	(reche)	76

S

Français	Anglais	Prononciation	Page
S'IL VOUS PLAÎT	PLEASE	(pli:z)	85
SABLE	SAND	(sèn'd')	95
SABLE MOUVANT	QUICKSAND	(kouikssan'd')	90
SAC	BAG	(bag)	15
SAC À DOS	RUCKSACK	(reksak)	94
SAC À MAIN	PURSE	(pers')	29
SAISONS	SEASONS	(si:zen'z)	97
SALADE	SALAD	(saled)	37-68
SALE	DIRTY	(derti:)	38
SALLE À DÎNER	DINING ROOM	(daïnign rou:m)	59
SALLE D'ATTENTE	WAITING ROOM	(oué:tign rou:m)	106
SALLE D'ÉTUDE	STUDY	(stedi:)	59
SALLE DE BAINS	BATHROOM	(bathrou:m)	59
SALLE DE LECTURE	LIBRARY	(laïbrèri:)	59
SALLE DE SÉJOUR	LIVING ROOM	(livign rou:m)	59
SALUER	GREET (TO)	(tou gri:t')	53
SAMEDI	SATURDAY	(sater'dé:)	121
SANDWICH	SANDWICH	(san'ouitch)	68
SANG	BLOOD	(bled')	19
SANS	WITHOUT	(ouidhaout)	123
SAUCISSE	SAUSAGE	(sossidj)	22
SAUGE	SAGE	(sé:dj)	103
SAUTER	JUMP (TO)	(tou djemp)	63
SAUTERELLE	GRASSHOPPER	(grashâper')	53
SAVOIR	KNOW (TO)	(tou no:)	64
SAVON	SOAP	(so:p)	102
SAVOURER/AIMER	ENJOY (TO)	(tou in'djoï)	41
SAXOPHONE	SAXOPHONE	(saksefo:n')	74
SCÈNE	SCENERY	(si:neri:)	96
SEC	DRY	(draï)	39
SEL	SALT	(solt)	103
SELLE	SEAT	(si:t)	18
SEMAINE	WEEK	(oui:k)	121
SENTIER	TRAIL	(tré:l)	114
SENTIR	SMELL (TO)	(tou smèl)	101
SEPT	SEVEN	(sèven')	80
SEPTEMBRE	SEPTEMBER	(sèptèmber')	72
SEPTIÈME	SEVENTH	(sèven'th)	80
SERPENT	SNAKE	(sné:k)	101
SERRURE	DOOR LOCK	(do:r' lok)	25
SERVIETTE	TOWEL	(taouel')	113
SERVIETTE DE TABLE	NAPKIN	(napken')	75
SEUL	ALONE	(elo:n')	11
SEULEMENT	ONLY	(o:n'li:)	82
SHAMPOING	SHAMPOO	(champou)	97
SI	IF	(if)	61
SI/TELLEMENT	SO	(so:)	102
SIÈGE AVANT/ARRIÈRE	FRONT/BACK SEAT	(fren't'/bak si:t)	25
SIESTE	NAP	(nap)	75
SINGE	MONKEY	(mon'ki:)	12
SIX	SIX	(sik's)	80
SIXIÈME	SIXTH	(siksth)	80
SKI	SKIING	(ski:ign)	105
SOCCER	SOCCER/FOOTBALL	(sâker'/foutbol)	105
SŒUR	SISTER	(sister')	44
SOIF (AVOIR)	THIRSTY (TO BE)	(tou bi thersti:)	112
SOIR	EVENING	(i:vnign)	35
SOL	GROUND	(graoun'd')	54
SOLDAT	SOLDIER	(so:ldjer')	87
SOLEIL	SUN	(sen')	108

Français	Anglais	Prononciation	Page
SONNETTE	BELL	(bèl)	17
SORTIE	EXIT	(ègzet')	42
SORTIR	GET OUT (TO)	(tou guèt' aou:t')	51
SORTIR	GO OUT (TO)	(tou go aou:t')	52
SOUCI	MARIGOLD	(marego:ld)	47
SOULEVER	LIFT (TO)	(tou lift')	67
SOUPE	SOUP	(soup')	37
SOURIS	MOUSE	(maou:s')	73
SOUS	UNDER	(en'der')	115
SOUS-MARIN	SUBMARINE	(sebmeri:n')	107
SOUS-SOL	BASEMENT	(bé:ssmen't')	59
SOUVENT	OFTEN	(ofen')	81
SPHÈRE	SPHERE	(sfir)	98
SPORTS	SPORTS	(spo:r't's')	104
SUCRE	SUGAR	(chou:ger')	22
SUD	SOUTH	(saou:th)	79
SUD-EST	SOUTH-EAST	(saou:thi:st)	79
SUD-OUEST	SOUTH-WEST	(saou:th ouèst)	79
SUÈDE	SWEDEN	(souiden')	76
SUISSE	SWITZERLAND	(souitsser'len'd')	77

SUIVRE	FOLLOW (TO)	(tou fâlo:)	47
SUPERMARCHÉ	SUPERMARKET	(souper'mârket')	108
SUPPLÉMENTAIRE	EXTRA	(èkstre)	42
SURF	SURFING	(serfign)	105
SURPRISE	SURPRISE	(serpraïz)	108
SUSPENDRE	HANG (TO)	(tou hègn)	55

T

TABLE	TABLE	(té:bel)	59-109
TABLEAU	PICTURE	(piktcher')	84
TABLEAU D'AFFICHAGE DES VOLS	FLIGHT INFORMATION	(flaït' inferme:chen')	9
TABLEAU DE BORD	DASHBOARD	(dachbo:rd')	25
TABLEAU HORAIRE	TIMETABLE	(taïmté:bel)	106
TABLEAU NOIR	BLACKBOARD	(blakbo:rd')	18
TAILLE	WAIST	(oué:s't')	20-119
TAILLEUR	SUIT	(sou:t')	29
TAILLEUR	TAILOR	(té:ler')	87
TALON	HEEL	(hi:l)	20
TANTE	AUNT	(an't')	44
TAPIS	CARPET	(kârpet')	59

Français	Anglais	Prononciation	Page
TAPIS	RUG	(reg)	59
TARD	LATE	(lé:t')	65
TARTE	PIE	(paï)	37
TASSE	CUP	(kep)	33
TAXI	TAXI	(taksi:)	110
TEE-SHIRT	T-SHIRT	(ti:-chert')	29-109
TÉLÉPHONE/TÉLÉCOPIEUR	TELEPHONE/FAX	(tèlefo:n'/faks')	110
TÉLÉVISEUR	TELEVISION SET	(tèlevijen' sèt)	110
TÉLEX	TELEX	(tèlèks')	110
TEMPÉRATURE	TEMPERATURE	(tèmpretcher')	110
TEMPÉRATURE	WEATHER	(ouèdher')	120
TENIR	HOLD (TO)	(tou ho:ld)	58
TENNIS	TENNIS	(tènes')	105
TERRAIN DE GOLF	GOLF COURSE	(gâlf kors')	53
TERRE	EARTH	(erth)	40
TÊTE	HEAD	(hèd')	20
THÉ	TEA	(ti:)	22
THÉÂTRE	THEATRE	(thi:eter')	111
THYM	THYME	(taïm)	103
TIBIA	SHIN	(chin')	20
TIGRE	TIGER	(taïguer')	13
TIMBRE	STAMP	(stèm'p)	106
TIR À L'ARC	ARCHERY	(ârtcheri:)	104
TIRER	PULL (TO)	(tou poul)	88
TISSER	SPIN (TO)	(tou spin')	103
TOIT	ROOF	(rou:f)	25-59
TOLET	OARLOCK	(o:rlok)	19
TOMATE	TOMATO	(temé:to:)	117
TOMBER	FALL (TO)	(tou fol)	43
TORTUE	TORTOISE	(tortes')	113
TÔT	EARLY	(erli:)	40
TOUJOURS	ALWAYS	(oloué:z)	11
TOUR DE CONTRÔLE	CONTROL TOWER	(ken'tro:l taouer')	10
TOURNESOL	SUNFLOWER	(sen'flaouer')	47
TOUT	ALL	(ol)	11
TRAIN	TRAIN	(tré:n)	106
TRAIN D'ATTERRISSAGE	LANDING GEAR	(lan'dign gir')	10
TRAÎNEAU	SLEIGH	(slé:)	100
TRANSPORTER	CARRY (TO)	(tou kari)	26
TRAVAIL	JOB	(djâb)	63
TRAVAILLER	WORK (TO)	(tou ouer'k')	124
TRAVERSER	ACROSS (TO GO)	(tou go ekros')	7
TRAVERSER	CROSS (TO)	(tou kros')	33

Français	Anglais	Prononciation	Page
TRAVERSER	CROSS (TO)	(tou kros')	33
TRÈFLE À QUATRE FEUILLES	FOUR-LEAVE CLOVER	(fo:r-li:v klo:ver')	48
TRÈS	VERY	(vèri:)	118
TRÉSOR	TREASURE	(trèjer')	114
TRIANGLE	TRIANGLE	(traïagngue'l)	98
TRISTE	SAD	(sad)	95
TROIS	THREE	(thri:)	80
TROISIÈME	THIRD	(therd)	80
TROMBONE	TROMBONE	(trâmbô:n')	74
TROMPETTE	TRUMPET	(trempet')	74
TROTTOIR	SIDEWALK	(saïdouok)	99
TROU	HOLE	(ho:l)	58
TUBA	TUBA	(tou:be)	74
TULIPE	TULIP	(tou:lep)	47
TUYAU D'ÉCHAPPEMENT	EXHAUST PIPE	(igzost païp)	25

U

Français	Anglais	Prononciation	Page
UN/UNE	AN	(é: / en')	7
UN	ONE	(ouen')	80
UNIVERSITÉ	UNIVERSITY	(younever'seti:)	115
USINE	FACTORY	(faktri:)	43

V

Français	Anglais	Prononciation	Page
VACANCES	HOLIDAY	(hâledé:)	58
VACANCES	VACATION	(vé:ké:chen')	116
VACHE	COW	(kaou:)	12
VAGUE	WAVE	(oué:v)	120
VAISSEAU SPATIAL	SPACESHIP	(spé:s'chip)	102
VALISE	SUITCASE	(soutké:s')	107
VALLÉE	VALLEY	(vali:)	116
VAMPIRE	VAMPIRE	(vampayer')	116
VASE	VASE	(vé:s')	116
VENDRE	SELL (TO)	(tou sèl)	97
VENDREDI	FRIDAY	(fraïdé:)	121
VENIR	COME (TO)	(tou kem)	31
VENT	WIND	(ouin'd')	123
VENTE	SALE	(sé:l)	95
VENTRE	STOMACH	(stemek)	20
VÉRANDA	PORCH	(po:rtch)	59
VERT	GREEN	(gri:n')	31
VESTON	JACKET	(djaket')	29
VÊTEMENTS	CLOTHES	(clo:z)	29
VIANDE	MEAT	(mi:t)	37-70
VICTOIRE	VICTORY	(viktri:)	118
VIDE/PLEIN	EMPTY/FULL	(em'ti:/foul)	41
VIEUX	OLD	(o:ld')	81
VILLAGE	VILLAGE	(vilidj)	118
VILLE	CITY	(siti:)	28
VILLE	TOWN	(taoun')	113
VIN	WINE	(ouaïn')	37
VIOLET	PURPLE	(perpel)	31
VIOLETTE	VIOLET	(vaïlet')	47
VIOLON	VIOLIN	(vaïelin')	74
VISA	VISA	(vi:ze)	118
VISAGE	FACE	(fé:s')	43
VITRE	GLASS	(glas')	52
VIVANT	ALIVE	(elaïv)	11
VOIE FERRÉE	TRACK/PLATFORM	(trak/platform)	106
VOILE	SAIL	(sé:l)	95
VOILE	SAILING	(sé:lign)	105
VOIR	SEE (TO)	(tou si:)	97
VOIX	VOICE	(voïs')	118
VOLAILLE	POULTRY	(po:ltri:)	37
VOLANT	STEERING WHEEL	(stirign oui:l)	25
VOLCAN	VOLCANO	(vâlké:no:)	118
VOLER	FLY (TO)	(tou flaï)	47
VOLLEY-BALL	VOLLEYBALL	(vâli:bol)	105

Français	Anglais	Prononciation	Page
VOTER	VOTE (TO)	(tou vo:t')	118
VOULOIR	WANT (TO)	(tou ouon't')	119
VOYAGER	TRAVEL (TO)	(tou travel)	114
VUE	VIEW	(vyou:)	118

X

XYLOPHONE	XYLOPHONE	(zaïlefo:n')	125

Y

YAOURT/YOGOURT	YOGURT	(yo:gert')	22

Z

ZÈBRE	ZEBRA	(zi:bre)	13
ZÉRO	ZERO	(zi:ro:)	80-126
ZIGZAG	ZIGZAG	(zigzag)	126
ZODIAQUE	ZODIAC	(zo:di:ak)	126
ZOO	ZOO	(zou:)	126

PRONOMS PERSONNELS SUJET	PERSONAL PRONOUNS SUBJECT	(personal pronaounz) (sâbjekt)
JE	I	(aï)
TU	YOU	(iou)
IL	HE	(hi)
ELLE	SHE	(chi)
IL/ELLE	IT	(it')
NOUS	WE	(oui)
VOUS	YOU	(iou)
ILS/ELLES	THEY	(dhé)

ADJECTIFS POSSESSIFS	POSSESSIVE ADJECTIVES	(possessiv' adjectevz)
MON/MA/MES	MY	(maï)
TON/TA/TES	YOUR	(iour')
SON/SA/SES (à lui)	HIS	(hiz)
SON/SA/SES (à elle)	HER	(heur')
NOTRE/NOS	OUR	(aoueur')
VOTRE/VOS	YOUR	(iour')
LEUR/LEURS	THEIR	(dhèr')

Aa	*Aa*	APPLE	
Bb	*Bb*	BANANA	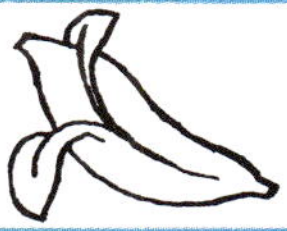
Cc	*Cc*	CAR	
Dd	*Dd*	DOG	
Ee	*Ee*	ELEPHANT	
Ff	*Ff*	FOX	
Gg	*Gg*	GIRAFFE	
Hh	*Hh*	HOTEL	
Ii	*Ii*	INK	
Jj	*Jj*	JAR	
Kk	*Kk*	KOALA	
Ll	*Ll*	LION	
Mm	*Mm*	MOTORBIKE	
Nn	*Nn*	NUT	
Oo	*Oo*	ORANGE	
Pp	*Pp*	PARROT	
Qq	*Qq*	QUEEN	
Rr	*Rr*	ROSE	
Ss	*Ss*	SUN	
Tt	*Tt*	TURTLE	
Uu	*Uu*	UMBRELLA	
Vv	*Vv*	VIOLIN	
Ww	*Ww*	WATCH	
Xx	*Xx*	XYLOPHONE	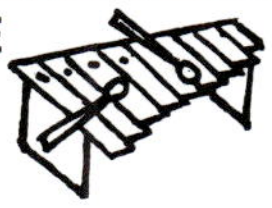
Yy	*Yy*	YOGURT	
Zz	*Zz*	ZEBRA